华夏文库·民俗书系

医祖影踪
内丘扁鹊文化传说

和莲芬 张贵生 编著

大地传媒 中州古籍出版社

《华夏文库》发凡

毫无疑问，每一个时代都有属于自己时代的精神追求、文化叩问与出版理想。我们不禁要问，在21世纪初叶，在全球文明交融的今天，在信息文明的发轫初期，作为一个中国出版人，我们正在或者将要追求什么？我们能够成就或奉献什么？我们以何种方式参与全球化时代的文化传播进程？在一连串的追问下，于是，有了这套《华夏文库》的出版。

自信才能交融。世界各大文明在坚守自身文化个性的同时，不约而同地加快了探视其他文化精神内涵的步伐，世界不同文明正在朝着了解、交流、碰撞、借鉴与融合的方向前进。在此背景下，建立自身的文化自信，正是与世界各文明民族进行文化交流的基本要求。五千年中华文明与文化正在不断地被其他文明所发现、所挖掘、所认知，汉语言正在生长为世界语言，儒文化正在世界各地生根发芽。

借助这样一种正在成长着的文化自信、自觉、开放、亲和之力，用我们这个时代的学术眼光全面系统梳理中华五千年的文明与文化，向其他各大文明与文化圈正面展示自我，让中华优秀文化成为世界文化的重要组成部分，正是我们出版这套文库的目的之一。此其一。

知己才能知彼。身处五千年文化浸润的今天，重新思考我们先人的人生思考、价值思考与哲学思考，找到一个民族、一个国家的价值所在、立命所在、安身所在，这已经是我们这个时代的学人与出版人不得不再思考的问题。作为中华文明的一分子，我们在思考的同时，还必须了解我们的先人创造了如何优秀的精神文明与物质文明以及社会文明。只有熟知自己的文化，热爱自己的文化，悟明自己的文化，我们才能宣说自己、弘扬自己、光大自己。因此，我们策划组织这套《华夏文库》的初衷，还在于让当下的知识青年全面系统瞭望中华文明与文化的全景，并借此能够对更为深广的世界各民族文化提供一个比较认知的基础。此其二。

顺势才能有为。我们正处在农耕文明、工业文明、信息文明的交汇处，信息文明带领我们从读纸时代进入读屏时代，以智能手机屏幕为代表的书籍呈现方式正在与纸质书籍争夺阅读时间与空间。我们正在领悟数字技术，正在以信息文明的视角，去整理、分析和研究农耕文明与工业文明的文化遗产，不仅仅是为了唤醒优秀的传统文化，我们还在生发和原创着当今时代的文化。由此，我们试图架起一座桥梁——由纸质呈现而数字呈现，由数字呈现而纸质呈现，以多媒介的书籍呈现方式，将文字、图像、声音与视频四者结合，共同筑成《华夏文库》以奉献给信息文明时代的新读者。此其三。

总之，这是一套——专家大家名家写小书；以最小的阅读单元，原创撰写中华精神文化、物质文化与社会文明系列主题与专题；以图文、音视频多媒介呈现的方式，全面介绍与传播中华文明与优秀文化，系统普及与推介中华文明与文化知识；主旨是为了让世界与中国共同了解中国的——大型丛书，借此，复兴文化，唤起精神，融入世界。

耿相新
2013 年 6 月 27 日

《华夏文库·民俗书系》序

《民俗书系》是中原出版传媒集团一项浩大工程《华夏文库》的一个重要组成部分,分为十个系列:生产贸易民俗系列,衣食住行民俗系列,社会家庭民俗系列,人生仪礼民俗系列,生态、科技民俗系列,信仰民俗系列,岁时节令民俗系列,语言文学民俗系列,民间游乐民俗系列和民间艺术系列,涉及民俗文化的所有方面。这是一套具有相当规模的民俗类丛书。第一期约300本,每个省、自治区、直辖市10本左右。以后还有第二期、第三期。从数量上看,这套书在民俗文化呈现的广度方面是前所未有的。

有规模,成体系,才能产生深刻而广泛的社会效应。就民俗文化而言,一两本书,做得再精致,影响也是有限的。只有达到一定规模,才能全面、系统而又细致地展现中国各民族各地区丰富灿烂的民俗文化。中国幅员广阔、民族众多,以往有关民俗文化的呈现多是局部的,有很大的局限性,而《民俗书系》是对中华各民族民俗文化全方位的展示,超越了已出版的任何一套民俗丛书。这有助于对中华各民族民俗文化进行整体观照,多向度地把握、理解和享用中华各民族民俗文化。

十个系列仅仅是给定了民俗文库选题的范围和领域,而每本书的选题要求主要体现在两个方面。一是强调具体和细微。选题越具体越好,越细微越好。以往民俗文化方面的书,选题都比较大,侧重在"面"

上，而《民俗书系》的选题，侧重在"点"上。譬如中国民居方面的选题，以往即为中国民居，如陕北窑洞、蒙古包、客家民居、北京四合院等等，我们这套书要求选题更为具体，诸如门、床、窗、影壁、屋脊、砖雕、上梁仪式、天井等等。选题越具体、越集中，越能书写得深入，越能说得透彻，从不同方面把这一指向范围细微的"事象"的表现形式、过程、内涵阐述清楚。一个选题，仅涉及一个方面的话题或事物，全书就围绕一个具体的民俗"事象"集中笔墨展开阐述。

二是强调地域性。选择具有地方特色的民俗文化。选题不避偏，即便是不为外界所知的民俗文化"事象"，也可以作为选题。这样的选题纳入整套书系之中，其所描述的对象就成为整个中华民族民间文化体系中的一部分，具有不可替代的位置。通过这套文库的出版，将这一原本影响不大的民俗文化"事象"推向全国，乃至世界。此处的地域是具体的，不是覆盖整个省，甚至大片地区和流域，而是局限于某一市县、某一城镇、某一村落。写一个具体地方的某一具体的民俗"事象"，民俗"事象"所流传的范围是明确的。当然，也有的以一个地方的某一民俗"事象"为书写中心，适当涉及其他地方相同的民俗"事象"，包括引用其起源、历史发展脉络和内涵分析等方面的相关资料，采用了以点带面的叙述范式。也有的通过图片的方式，连接其他地方同一民俗文化"事象"，做一些适当比较。

在这两点要求的基础上，这套民俗书系的选题是开放性的，面向中华各民族的广袤大地和民俗文化的汪洋大海。

《民俗书系》中的每本书字数在6万～7万，配有多幅图。根据选题本身的特点选择不同的写作角度和呈现方式，甚至有的以图为主，文字只是起到辅助、说明的作用。也有的以一个故事或传说为引导，再进入民俗"事象"本身，展开层层阐述。每本书的结构简洁而又灵活,便于作者把握和读者阅读。在述与论的关系方面,以"述"为主,"述"是全书主要的行文方式和表现主体;以"论"为辅,富有层次地清晰演示特定民俗"事象"的表现形态及其现状和历史,说明其深厚的文化内涵,提供其社会及文化背景。每幅图片都有比较翔实的说明,诸如图片中的人是谁,都在干什么,主要景观和物品的名称、含义,画面属于仪式过程的哪个环节等。图片不是配图,不是为了美观,而是整本书的有机组成部分。

这套《民俗书系》追求一种原生态写作境界。这里的原生态,就是强调民俗表达的原汁原味。所使用的文字素材和图片基本上是作者自己采集到的第一手资料,夯实了全书的所有内容。这套书系的作者绝大多数不是学者或专业研究人员,而是地方文化精英,是地方民间文化传统的积极传承者。作者就是当地人,对这一选题或这一民俗"事象"最为熟悉,而且反复经历和参与过这一民俗活动,最了解这一民俗活动,并具有一定的书面语言表达能力,是最适合写这本书的人。作者对这一选题有比较丰富的资料积累和信息储备,是这一选题的代言人和权威,而书的出版更是对作者权威地位的认定。这套书系的价值主要不是学术上的,不是理论方法方面的,而是发掘地方民俗文化资源,真实、客观地再现了民俗文化,展示了民俗文化本身具有的文化魅力和现实意义。这套书系可称之为原生态民俗书系。

《民俗书系》编纂和出版的动机是宏伟的,具有高远的历史文化志向和神圣的现实责任感。这一浩大工程值得您的期待,更值得您的关注。

万建中

2015年1月20日于京师园

目 录

概述 ·· 1

一　中华医祖——扁鹊

　　1　扁鹊的医学成就和贡献 ································ 3

　　2　扁鹊经历的传奇性 ······································ 9

　　3　扁鹊的第二故乡——内丘 ··························· 13

二　扁鹊祭祀庙群

　　1　回生桥 ·· 31

　　2　碑楼 ··· 34

　　3　山门 ··· 36

　　4　扁鹊殿 ·· 38

5　后土总司殿 …………………………………… 42

　　6　玉皇殿 ………………………………………… 44

　　7　扁鹊墓 ………………………………………… 46

　　8　药泉 …………………………………………… 49

　　9　其他庙殿 ……………………………………… 50

三　扁鹊庙历代重修碑刻代表

　　1　后周碑 ………………………………………… 52

　　2　重修神应侯庙记碑 …………………………… 54

　　3　国朝重修鹊山神应王庙碑 …………………… 56

　　4　重修鹊山庙记碑 ……………………………… 61

　　5　重修鹊王庙碑 ………………………………… 62

　　6　重修扁鹊庙台基后土前殿药王殿百子殿记碑 ………… 64

　　7　历代扁鹊祭祀祭文碑 ………………………… 65

四　扁鹊祭祀活动

　　1　扁鹊祭祀活动有关村庄 ……………………… 71

2　扁鹊庙会 ················· 72

　　3　扁鹊庙会茶棚 ············· 76

　　4　扁鹊祭祀仪式 ············· 81

五　扁鹊祭祀庙会期间民间乡艺

　　1　排鼓 ···················· 86

　　2　扇鼓 ···················· 88

　　3　跳世平 ·················· 90

　　4　梅花老架 ················ 92

　　5　抬杠箱 ·················· 94

　　6　回回 ···················· 96

　　7　其他乡艺 ················ 100

六　扁鹊传说故事

　　1　神头村 ·················· 102

　　2　九龙柏和凤柏 ············ 107

　　3　回生桥 ·················· 115

　　4　透灵碑吓死赵县官 ········ 118

5 洗肠沟·捞肠沟·手术台 ……………………………… 121

6 九龙泉 ……………………………………………………… 124

7 报子口 ……………………………………………………… 127

8 九仙洞 ……………………………………………………… 130

9 擙沟 ………………………………………………………… 133

10 天井村 …………………………………………………… 135

11 扁鹊墓前的艾蒿 ………………………………………… 137

12 五灵脂 …………………………………………………… 139

13 蒸小儿 …………………………………………………… 141

14 药石和献殿 ……………………………………………… 144

15 鹊山玉带 ………………………………………………… 149

16 莲华峰 …………………………………………………… 152

17 透灵碑与碑楼 …………………………………………… 154

18 太子岩与且停寺 ………………………………………… 156

19 卧佛山 …………………………………………………… 160

20 酸枣树王 ………………………………………………… 162

21 入王宫大战巫医 ………………………………………… 164

附录一 扁鹊历代诗词歌赋 ………………………………… 168

附录二　扁鹊祭祀大事记 ················· 182

后记 ································ 186

小知识目录

太子柏·太子井·太子龙池 ……………………………… 23
乔家洞 …………………………………………………… 24
九龙柏·凤柏 …………………………………………… 110
鸟柏 ……………………………………………………… 113
龙爪柏 …………………………………………………… 114
洗肠沟·捞肠沟 ………………………………………… 123
药石 ……………………………………………………… 147
石炕 ……………………………………………………… 148
登山路·担杖窑 ………………………………………… 151
且停寺 …………………………………………………… 159

概述

内丘县，地处太行山东麓，河北省中南部，邢台市西北部。北连临城、赞皇县，南接邢台县，东与隆尧、任县接壤，西以太行山脊和山西省昔阳县相邻。

内丘县历史悠久，人杰地灵，早在旧石器晚期，人类就在这里繁衍生息。医祖扁鹊曾长期在此行医采药、传道授业，成就了他一生的事业。内丘被誉为"扁鹊的第二故乡"，有扁鹊生前赐封地、行医圣地、逝后头颅安葬地、全国最大的扁鹊祭祀地、扁鹊文化的发祥地等称号。

扁鹊，姓秦，名缓，字越人，号扁鹊，春秋战国时期勃海郡鄚县（今河北任丘）人。少年时勤奋聪颖。青年时代在一家客店当管理人，认识了一位名叫长桑君的良医，尽得其方术，尔后为医。初在故里行医，知人甚少，后游医到赵国，适赵简子病，五日不省人事，经扁鹊医，简子病愈，即在蓬山（今内丘鹊山）赐田四万亩。扁鹊客居蓬山，采药治病，精研医道，行医诸国，治病救人，传播医术。

扁鹊到虢国行医，治愈虢太子的"尸厥症"；到齐国行医，四望劝治齐桓侯；在内丘蓬山，治好虢太子的"绞肠痧"。从扁鹊医案之中，可知他虽为一位民间医生，却熟练掌握中医"望、闻、问、切"等诊断方法，而且是外科和麻醉术的鼻祖，擅长针灸、按摩、熨贴、剖割手术等疗法。扁鹊运用剖割手术疗法和麻醉剂(毒酒)的事例，是见于中国也是世界最早的记载。扁鹊采用铁"针"、艾"灸"治病，奠定了中医针灸疗法的基础。扁鹊精通内科、外科、妇科、儿科、五官科等，是一位随俗为变、集医技于一身的全科医生。他提出了"六不治"之说，体现了其提倡科学、反对迷信的思想。

扁鹊，作为中华医学之祖，成就事业于内丘，也在内丘留下了大量的历史遗迹和深厚的文化积淀。扁鹊和虢太子在鹊山、扁鹊庙、神头村及其周围的实物遗存和传说故事，至今精彩纷呈。

鹊山，原名蓬山，包括龙腾山、太子岩等，位于内丘县西25公里处的南赛乡神头村西，属于太行山脉东麓的中山，主峰方圆约1平方公里，由花岗岩组成，多怪石及风化洞穴。山腰有长石、石英岩形成的鹊山玉带。山上现存6处古建筑群遗址，其中太子凹古建筑群最集中，相传虢太子曾在此居住。

鹊山自然风光秀丽，文化底蕴深厚，有大小景观60余处，其中以鹊山玉带、乔家奇洞、太子龙井、莲峰摩天、南山卧佛、鹊山云海、鹊山滑道、登山石梯等八大胜景著名。"鹊山玉带"被专家称为国内罕见的一大自然地质奇观。"鹊山滑道"全长1500米，落差518米，被誉为"北方第一滑"。鹊山主峰莲华峰，海拔1141米，是太行山脉距平原最近、落差最大的千米以上山峰。这座与扁鹊息息相关的鹊山，每一座山峰，每一处岩洞，每一条山沟，甚至每一棵古树，都留下了扁鹊及其弟子们的动人传说。

扁鹊庙，又名鹊王庙、鹊山祠、扁鹊祠，是祭祀、谒拜华夏医祖扁鹊的古建筑群。位于内丘县城西25公里的太行山东麓鹊山脚下，东连神头村，西接鹊山，南依九龙河，北靠瓮山，是我国现存规模最大、保存最完整、历史最悠久的扁鹊庙群。

扁鹊庙始建时间不详，相传"汉唐有之，历代均曾修葺"。最早的史料记载见于《魏书·地形志》："……晋乱，罢。太和二十一年复，有中丘城、伯阳城、鹊山祠。"清康熙七年（1668）《内丘县志》记："鹊山庙在鹊山下，汉唐已有之，不详始建。"据此推测扁鹊庙的始建年代应在汉代之前。扁鹊庙坐北朝南，原有单体建筑27座，依山而建，逐级增高，落差达15米左右。前有九龙河，后有煤山，左右两岭相扶，四周山势如九龙朝凤之地。庙宇按天（玉皇）、地（后土）、人（扁鹊）三才布局，错落有致，似凤凰展翅，是传统的"风水宝地"。扁鹊庙经历代修葺和增建，已从专一祭祀扁鹊发展成为供奉道教、佛教、民俗多种神祇的建筑群。元代其香火最盛，庙宇规模最大，民间有"大庙七十二座，小庙多如牛毛"之说。由于战火灾难、世事沧桑，庙宇多有损毁，现存15座，建筑风格以元、明时期为主。殿宇均为各类木构梁架组合，殿顶有硬山顶、悬山顶、歇山顶、庑殿顶、卷棚顶等多种形式。扁鹊庙的选址、布局和各种不同的建筑风格，都显示出我国古代建筑深厚的文化内涵。

庙内碑刻林立，不乏珍品，有各种碑刻、石刻100余件，其中"透灵碑"保存最为完好。碑文为元代翰林学士王鹗所撰，元代重臣刘秉忠书丹。全碑1025个字，记述了元代太医颜天翼一家两代义修扁鹊庙的盛举。另有汉代神兽一尊，又称"辟邪"，为古代大型陵墓前附属物。这些都是研究扁鹊中医文化和我国医学发展史的重要实物资料。

庙区古柏参天，庙前九龙桥石柏，被誉为"迎客柏"，据考证为汉柏，扎根于石缝之间，历经2000多年的风雨，依然郁郁葱葱，在国内实属罕见，与远处东南山头的"凤柏"、庙内的"鸟柏"与"龙爪柏"构成扁鹊庙一大胜景。

相传，扁鹊晚年时到秦国行医，被嫉贤妒能的秦太医令李醯派人杀害于咸阳附近(今陕西西安南陈村)。扁鹊的弟子及中丘(今内丘)的人们远赴咸阳盗回其头颅葬于鹊山脚下，为了纪念这位曾造福于他们的医学家，在他住的地方，建墓、立祠、修庙，种植松柏，将附近的焦子村、郎（狼）家庄二村合为一村，更村名为"神头村"。每年的农历三月初一和十月初一是人们祭祀扁鹊的日子，天长日久逐渐演变成了扁鹊庙会。尤其是三月初一庙会，会期长达一个月之久，赶庙会人员覆盖晋、冀、鲁、豫、陕等省，人次达近百万人。近年来，又新增了新加坡、马来西亚等国外华人不远万里来祭祀扁鹊。庙会规模之大，国内罕见。

2005年10月，在内丘成功举办了首届"中国·内丘扁鹊文化节"；2006年5月，扁鹊庙被国务院公布为第六批"全国重点文物保护单位"；2006年6月，"内丘扁鹊祭祀"被河北省政府列入首批"河北省非物质文化遗产名录"；2008年10月，神头村被河北省政府命名为第二批"河北省历史文化名村"；2008年11月，扁鹊庙旅游区晋升为"国家AAA级旅游景区"；2010年8月，内丘县举办了第二届"扁鹊文化节"；2010年12月，扁鹊庙旅游区晋升为"国家AAAA级旅游景区"；2013年3月，国家住房城乡建设部、文化部、财政部批准神头村列入第一批"中国传统村落名录"；2013年6月，内丘被中国民协命名为"中国扁鹊文化之乡"并批准设立"中国扁鹊文化研究中心"。

一 中华医祖——扁鹊

2300年以前,在我国历史上的春秋战国时期,出了一位民间游医,他就是扁鹊。

说他来自民间,因为至今未发现他的家庭背景,他的仕途伟业,只知道他从小就是一个平平凡凡的老百姓。

说他是游医,因为他成年后,一直当医生,周游列国,但他不是像那些策士一样,游说救国,而是随时随地、一心一意行医济民。

他最后被人暗杀了。他死了之后,

内丘扁鹊大道扁鹊像

几百年之后,被封为"王"。什么"王",说不清,也可能是"医王""药王",反正和医药有关。1200年之后,即宋嘉祐初,仁宗下旨赐扁鹊为"神应侯"。不仅如此,扁鹊的名气越来越大,社会评价越来越高,加冕于他的光环越来越多,越来越绚烂。人们称他为中华医药之鼻祖,是医祖、药王、医圣、医神,是中医四诊脉络、针灸术的创始人等。

扁鹊是我国历史上第一位有文献记载的医学家,完全可称为中国医学之祖。只是因时间太长,历史太久,当时留下的资料不足以让今人真实、完整、详细地了解扁鹊的生平。我们完全有理由相信,在2000年前,对于一个普普通通、名不见经传而且总是游移不定的医生,绝不会像对帝王将相、朝廷命官、文人名士那样,把他们经历的事迹记录在案,然后去树碑立传。当时的医匠地位会在诸子策士们之下。况且先秦的文献记载,在后来的历史岁月里,佚失情况十分严重,留下的只言片语,甚至一点点传说,也是非常珍贵的。

记载战国历史的一些文献中,都有关于扁鹊的记载,如《列子》《韩非子》《鹖冠子》《新语》《韩诗外传》《战国策》,等等。但常是只言片语,大都和医案有关,关于扁鹊生平的记载很少。关于扁鹊的最详尽记载,是在200多年之后,司马迁的著作《史记》中。正是里面的传记告诉我们,扁鹊在历史上,确有其人。

1 扁鹊的医学成就和贡献

根据现有资料,扁鹊的医学理论,就是中华传统医学理论,内容非常全面,两千多年来,一直受到医学界的高度评价。司马迁说:"扁鹊言医,为方者宗,守数精明,后世循序,弗能易也。"他的成就和贡献表现在多方面。

唯物就医、辨证论治的传统医学

扁鹊有幸是我国第一个有传记在史的医学家。他是华夏原始医术的继承者、实践者、研究者和综合者。当然,中国的传统医术,并不是从他开始的。扁鹊是战国时代的人,在他之前,部落、宫廷和民间的医药事务已运转了至少上千年。很明显,有了人类,就产生了用药治病的方法,尽管很原始。在中国的传说时代,把医学之祖归于黄帝,黄帝后面有岐伯、雷公,雷公后面人们就说是扁鹊了。

这是概括的说法。扁鹊以他的聪颖天赋(长桑君的话,"非常人也"),倾毕生精力,热爱医疗,关注民疾,勤于实践,积极探索,善于总结，敢于创新，终于集民间医技的林林总总，创立了为民谋利保健的医、疗、技、药的综合医学体系，为中国的医学发展做出了前所未有的贡献，说扁鹊是上千年原始医学的全面代表，是不过分的。

中华传统医学的核心是：唯物就医，辨证论治。扁鹊医学最本质的特征就是坚持这个基本原则，进而达到自己的顶峰。扁鹊本人虽然充满神奇色彩，他的基本出发点却是坚决反对巫说、巫医、巫术。人的身体的变化是实体的变异，只能实对实地对变异进行应对性处理，才能达到健康的效果。人体是"物"，治疗也必须是"物"的。信巫不信医者，他不治，这是他坚持"六不治"的基本信条之一。在他的医治理念中，始终贯彻"闻病在阳，施治其阴，闻病之阴，论治其阳"的辨证论治，强调表里互证，血脉交融，运用阴阳五行学说和脏腑经络理念指导诊断和治疗，从人身体的整体和局部的关联出发，确定病变、病因，确定治疗对策。

扁鹊生活在战国时代，即使从现代医学原理来衡量，扁鹊的医学体系核心，也具有极高的科学性。

综合施治的"全科医生"

他发扬中华医疗、药物的整体性，成为古今中外少有的"全科医生"。他认为，病症在表，根源在里，人体是个完整的结构，对病的诊断和治疗，是能做到一通百通的。他云游四方，走遍中原，在黄河流域处处为民服务，并在实践中不断积累经验，开拓思路，钻透病情病源，寻求和试验各种治疗手段和药物。他遵循的信条是"随俗为变"，无论在社会上遇到什么病人，都在他的医疗范围之内，不论他是什么身份、地位，均统统精心治疗。就这样，人们称他为

"全科医生"。

根据有关记载和案例，他的诊治范围涉及内科、外科、妇科、儿科、老人科、耳鼻喉科，等等，对于脑血管科、神经科的病人，他更有独到的诊断和处理方法。

当然，在医学分科越来越细、越来越精的当今看来，做"全科医生"几乎是不可能的。如果在今天真有这么一位医生说自己什么病也能治，那大家会说他是"百草膏"大夫，在吹牛。说自己啥也会，啥也能，其实啥也不会，至少啥也不精，患者也不会去找他。但在几千年前，情况有别。医学水平与现代当然无法比拟，分科也不会太细，多科医生出现的可能性要大于现代。当然，扁鹊的"全科"也不免有夸张因素，为有关他的"综合说"提供口实，该说认为扁鹊不是一个人，而是古代众多名医的综合代表。

我们认为，这"全科医生"只是对扁鹊医学体系的综合性、全面性，扁鹊个人品质的实践性、执着性的具体表述而已。

首创"望、闻、问、切"四诊疗法

"望、闻、问、切"是中医诊断学的基础和基本手段。中国传统医学认为，疾病是身体内部邪正盛衰的表现，疾病的产生和结果（恢复健康或不治而亡）是邪正的转化过程。对疾病的诊断，只能立足于对身体的观察和触摸。这一点，中医和西医存在巨大差别。这也和不同时代的生产力水平有关。由于当时没有诊断仪器和设备，中医在"望、闻、问、切"四个字上狠下功夫，在诊断方面，取得了惊人的功效，我们不能断然否定四诊的科学内涵。

当然，这四诊，并不是在扁鹊之前，无人知晓运用，但把这四项结合起来，实行辨证诊治者，在扁鹊之前，尚不见有明确的记载。《史记》让此四诊从扁鹊口中传递出来："切脉、望色、听声、写形。"而列传中所引的几个重大病例，更能印证扁鹊对这四诊的辨证运用已达到炉火纯青。难怪，汉末大医学家张仲景在《伤寒论·序》中，开门第一句就是："余每览越人入虢之诊，望齐侯之色，未尝不慨然叹其才秀也。"

司马迁说："至今天下言脉者，由扁鹊也。"切脉，是中医的绝招和亮点。中医对脉象的综合分析和有效运用，不能不令现代西方医学家赞叹。如今，许多西医也开始利用脉象，并加以辅助仪器，诊断一些疾病，特别是疑难疾病。切脉于手之寸口，大家公认始于扁鹊。因此他被誉为"医者之祖"。扁鹊的脉法，很具独创性。他总结前人的经验，对脉象的微妙变化和体质的联系，做出科学和准确的判断。扁鹊的脉象理论和实践，在《难经》中有详细的记述。从第一难至第二十一难，都是记叙脉象理论的。扁鹊的脉理成果，一直是医学界研究、探讨、学习和实践的课题。人们惊奇地发现，2000多年过去了，但扁鹊提出的"四诊"疗法和脉理，仍是现今中医学的核心。

以铁代石、以艾施灸的针灸疗法

针灸，是中医特有的疗法和医具。在西方医学中有热敷、冷敷、烤电等手法，至于用针刺，用艾灸，至今仍为中医独有。中医特有的针灸疗法，已在当今世界上广泛流行，其效果和优势，已被现代医学广泛承认和接受。

中国原始医学中，早有针灸疗法。但在扁鹊以前，所谓的针，是石头针，即砭石，把石头磨成片或针，刺激皮肤，达到治疗效果。在中国，铁的出现和广泛应用，约在春秋之际，因此，砭石逐渐被铁针所取代，也是在这个时期。用石头刺激皮肤和穴位，局限性很大，效果也差，即使磨得再细，也不能和铁针相比拟。

在救治虢太子的传说中，扁鹊听了中庶子的介绍，就知道虢太子没有真死，而是得了"尸厥症"。于是他让弟子子阳"历针砥石，以取外三阳五会"。这里的针，一般都认为是铁针，在百会穴，一针下去，太子苏醒了。后来又用"五分之熨"，效果类同于灸。扁鹊之后，就开始用艾施灸了。民间认为，艾草本身就是一种神药，有"仙艾"之称，特别是和扁鹊有关联之后，药性更神。据传，扁鹊被李醯暗派之徒刺死，因凶手埋伏在道边等扁鹊到来，该村即得名"伏道"。扁鹊死后，墓葬伏道，墓前有庙，村人在墓前种艾以示怀念。不料这儿的艾草特别茂盛，众说这是得到扁鹊神灵的相助。祭墓者均采艾叶回去，治疗百病无不灵，"仙艾"之名因此而来。

外科手术中采用麻醉术

在《列子·汤问》篇中，鲁公扈、赵齐婴二人有病，前来请扁鹊治疗。扁鹊一看，一个"志强气弱"，另一个正好相反，"志弱气强"，扁鹊说好办，他用"毒酒"把二人灌醉，迷死三日。这期间，他把二人胸腔切开，将二人的心脏互相对换。醒来后，二人都好了。这可能是"换心术"的最早记录。给虢太子治"绞肠痧"，也是大动刀戈，开膛破肚，很快即好。这些可能都是中国医学史上外科手术的最早案例，比华佗要早得多。至于毒酒是什么，不得而知，但其效用相当于麻醉药。这些记载都有点神奇色彩，但它们反映出扁鹊在外科手术方面和借助麻醉手法方面，也有较高水平，有重大突破。

高尚的医德医风

扁鹊受到历代历朝这么高的称誉，除了他高深的医学理论、准确的诊断水平和精湛的医疗技术，还在于他有高尚的医德医风。他不求荣华富贵，只求为民祛病解痛。他不辞劳苦，顶烈日，冒严寒，披荆斩棘，广游民间。他仁爱至诚，普济苍生，不论富贵贫贱，一视同仁。他勤奋好学，扎根实践，潜心钻研，精益求精，几十年如一日，始终痴迷于医疗事业。扁鹊为人为业，有一个突出特点，就是谦逊低调，不卑不亢，无论名气有多大，财富有多少，他始终依然如故。他救了虢太子的命，治好了虢太子的病，于是誉声鹊起，人称他能"起死复生"，是神医，但他说：太子本来没死，本来就是活的，我越人不过让他起来而已。

扁鹊认为，病人如能及早发现潜藏的病，这病就好治。百姓担心的是病太多，而医生忧虑的是治疗方法太少。有病，就要治，也能治好，但有六种情况，不能治：一是为人傲慢，放纵疾病；二是迷恋财富，不爱健康；三是衣食无序，不重调节；四是阴阳错乱，五脏失常；五是体质极虚，无法服药；六是迷信巫术，抛弃科学。扁鹊这有名的"六不治"，至今仍是科学医治的重要信条。

扁鹊开创了民间医学之先河。当时的医疗技术由奴隶主把持，他不惧统治者的恐怖禁令，敢于冲破传统礼教的束缚，大胆招收徒弟，上至国王太子、下至平民百姓，甚至招收女弟子，把掌握的医疗技术传授给弟子们，让他们立足民间，济世为民，使医学技术在民间广为传播。

扁鹊著述甚丰，有史可查的就有20余种。如《扁鹊内经》《扁鹊外经》《扁鹊镜经》《八十一难经》等，但大部分已佚失，仅有《八十一难经》传世。

2　扁鹊经历的传奇性

现今大家都称之为"扁鹊"的这个人，事实上，他不姓"扁"，名字也不叫"鹊"。《史记》及其他文献都说得很清楚，他姓"秦"，名缓，字越人，秦缓，秦越人，是扁鹊的真正姓名。那扁鹊是什么？大家推测是他的号，是行医之后，大家都这样称呼他。《史记》中说，他在赵国（内丘时属赵国）行医，就叫扁鹊。

扁鹊经历的传奇性，印证了扁鹊事业和人品之伟大。

扁鹊的时代，是政局比较混乱和复杂的时代，也是百家争鸣和比较开放的时代。扁鹊周游各侯国，到处显露医术的才能和光辉，名气越来越大，有关他的传闻必然越来越多，对真实事物的夸大、推测、走样，甚至编造肯定也少不了。造成真假难辨，也是不可避免的。

扁鹊被杀之后，传说就更多了，况且当时像扁鹊这样的平民医匠的资料，恐怕也不会进入宫廷档案，这为铸造传奇留下更大的空间。

古时不可知的事物太多，特别是在民间，说不清、理解不了的事，均推给天地神灵，这就给传奇又涂上了神祇和迷信的色彩。一些似是似非、似神非神的传奇说法，在民间具有广阔的市场，甚至一些帝王将相、文人志士们也自觉不自觉地加入这支队伍。

说传奇，也就不可避免地带上神话色彩。在古代，由于科学水平的局限，不可知论盛行，许多无法解释和理解的问题，只能从天和神那里寻求诠释。

我们现在知道的扁鹊，有关他的资料、传说，神化成分占很大比例，其原因是多方面的：

第一，他是个平民，到后来也不过是个名医，书面定类为方技，社会、政治地位很低，恐怕更不会给他建卷立案。他的事，也可能在民间流传，也可能传到官员、文人耳中，仅此而已。

第二，尽管身轻言微，但扁鹊的名气、影响极大，从医时间长达60多年，涉足范围遍及中原各国，在民间见病就诊断治疗，经历的医案肯定成堆。他给人治好病，谁不事后相传？酒香不怕巷子深，一传十，十传百，越传越远，越传越走样，神化在所难免。

第三，智力过人，医术超前，扁鹊在当时的医术水平肯定是巅峰型的，在医匠中是出类拔萃的佼佼者。他的一些诊断，可能是语出惊人，是别人不可理解、想不到的，对一些疾病的治疗效果更是一般医生无法企及的。一般人认为不可能治的病，被扁鹊医好了。别人无法解释，只能惊呼"神了"，说扁鹊原来不是人，而是一位神仙，因此能达到一般人不可能达到的高水平。

这就是我们今天所能了解到的有关扁鹊的另一面。

事实上，不仅今天的我们，就是晚于扁鹊200多年的汉代的司马迁，也会遇到同样的问题。显然他拥有一定数量的文献资料，而更多的就是民间传说，于是写成现在我们看到的《扁鹊传》。

本文整理的扁鹊一生的经历和成就，主要的依据就是司马迁的《史记》，而《史记》中的这篇列传本身，就包容相当分量的传奇，甚至神话。

例如：长桑君把怀中的禁方和药交给扁鹊后，长桑君"忽然不见，殆非人也"，司马迁不说长桑君走了，或渐渐远去，而是忽然没了，也就是"遁"走了，因他是位变幻莫测的神仙。神仙传给的药与方，能不灵吗？

扁鹊天天吃长桑君给的药，前后三十天，他也变了：能透过墙壁，看见墙后站着的人。他也变为一位神仙，至少有特异功能，难怪扁鹊细细打量人的外表，就能知道他体内各脏器的变异。墙都能看透，何况肉体？

最值得推敲的是《史记》和其他古代文献中收集的扁鹊医案，互相对不起来，或者人不对，或者事有异。这都是传说经常遇到的事。《史记》中提到的三个帝王案例，在时间上很难理顺。

我们假定扁鹊活了97岁，生于公元前407年，卒于公元前310年。

赵简子，即赵鞅，春秋末晋国掌握实权的大夫，他大胜范氏的时间是晋定公十九年，即公元前493年，这个时间比扁鹊出生早86年，扁鹊怎能给他看病？

扁鹊曾给齐桓公看病，齐桓公的出生年月虽不可考，但都知道他死于公元前643年，约公元前685年至公元前643年在位，比扁鹊出生早236年，齐桓公早已经死了，又怎么会让扁鹊看病？

扁鹊给虢太子治病，后虢太子跟扁鹊采药行医，这事各个文献中均反复提及，其实更有点蹊跷。

虢，作为侯国，确实存在过。经考证，虢原为古国名，国君原姓姬，有东、西、北三虢之分。东、西虢的开国国君为周文王之弟，北虢也始建于西周。东虢于公元前767年为郑所灭，西虢在公元前687年为秦所灭，北虢在公元前655年为晋所灭。不论那个虢，最晚也比扁鹊早两百多年，到扁鹊时，哪里还有虢君、虢太子？

如果我们把扁鹊存在的时代往前提两百多年，提到春秋时代，即公元前六百多年，那赵简子和虢君、齐桓公也不能碰到一起。

也许司马迁所掌握的资料和我们所掌握的不同，也许他把帝王名字弄错了。或者司马迁认为：反正都这么传说，我也说不清。总之，这些问题的最简便答案是：关于扁鹊问题的传奇性是不容忽视和回避的。难怪有人说，司马迁《史记》中的《扁鹊传》，是一篇最难读的列传。

扁鹊死后，特别是秦武王处决了李醯之后，神医的名气越来越大，在群众心目中的形象越来越光辉，各地相继建立扁鹊墓、扁鹊祠、扁鹊庙。各地开展越来越多、规格越来越高的祭祀、祭神活动。在这同时，传说必然越来越多，越来越神。当然，河北鄚州领先，山东长清不甘落后，陕西、山西、河南等地也遍地开花。的确，这首功归于《史记》，但久传不衰、越传越猛的民众传说，功不可没，甚至所起的作用，可能更大些。

这股风，也涉及当时的赵国，即现今的河北南部。当时的中丘县，即现在的河北省邢台市内丘县，也从那个时期开始，获得了公认的定位：扁鹊的第二故乡。

3 扁鹊的第二故乡——内丘

为什么扁鹊和内丘的关系这么密切？说扁鹊不能不提内丘，说内丘不能不提扁鹊。这可不是无风起浪。其主要根据是：内丘是扁鹊的赐封地，内丘是扁鹊长期居住活动的地域，内丘留下的扁鹊活动遗址和传说，居全国之首。

《史记》和其他文献都提到，赵简子赐扁鹊四万亩土地以资奖励。这四万亩地在何处？当时的资料链断了，当时可能有记载或说法，但没有传下来。说鄭州的有，说内丘的更多，且更有说服力，因为遗存信息量大，文化内涵相当深厚，传说丰富。虽然都没有当时的记载资料，但内丘至少有块元至元五年（1268）间的重修碑。碑中说："简子病愈，即中丘之蓬山赐地四万亩，时往来居之。"这也算是"史有所据"吧。

内丘县扁鹊的遗存在历史上甚至传至今天，实在令人吃惊。仍然栩栩如生的传说故事和诗文逸事，令人读了之后，恍如扁鹊还在，还在内丘的山山水水中、寺庙村落里生活着。这些物质、非物质文化遗产的存在，证明扁鹊和内丘关系非同一般，那些传说、那些文字，决非偶然而来。凭空臆造，可能谁也造不出来，即使造出，也会是短命鬼，决不会流传两千多年，不仅经久不衰，反而越来越丰富，越来越有哲理，越来越有生命力。把"扁鹊的第二故乡"这个称号给予内丘，令人感到合理、可信，当之无愧。

鹊山

赵简子赐扁鹊良田四万亩，以资鼓励。一个到处行医的平民医生，突然有了资产，四万亩土地，在当时是相当可观的。这四万亩地在什么地方？《史记》上没说，于是引起了扁鹊赐封地的考据和争论，而最为大家接受的说法，是在当时的中丘县蓬山附近，即今天内丘县的鹊山。正是这个说法，让鹊山成为知名度颇高的历史文化名山。至少现存的元代碑刻，明确记载了此事。

山的命名，和其他地名一样，均具有约定俗成这个共性。命名的主体一般均为当地百姓和衙门官员，甚至也有帝王金口御命的。命名的依据可谓五花八门，其中形状、方位和历史文化为主要命名依据。

内丘县的鹊山，据地方志书记载，原名蓬山，因山顶像"蓬"而得名。后来赵简子把这座山赐给了扁鹊，因此改名蓬鹊山。又后来为省字，大家都称鹊山。可是也有说是因山体像喜鹊而得名的。清康熙版《内丘县志》记载："鹊山，在城西六十里，山顶有白石，形如鹊，故名。鹊东南高竦为鹊头，西北低平为鹊尾。昔有驻兵其颠者，敌仰攻不克。潜其尾遂破之。"有的说，先有扁鹊，后有山名，有的说，山名在先，后来扁鹊来了，山名和人名相关纯属巧合。

我们说的鹊山，其实有大、小两个界定，大的是指鹊山山脉，小的是指山脉中主峰，名鹊山，又名太子岩。

鹊山山脉的体量较大，西接摩天岭山脉的闹乜岭，向东折南至夹

鹊山之夏

耳山，再东向北至吉了（知了）寨，呈环带状，全长约18公里。山峰众多，大小不等，主要的峰有10余个：太子岩、中岩山、夹耳山、龙腾山、胡姑脑、瓮山、龙驹岭、夜歇岭、凤鸣山、吉了寨等。

鹊山山脉的主峰即鹊山，又名太子岩、莲华峰，海拔1141米。相传为扁鹊采药处，清康熙版《内丘县志》记载："在鹊山顶，周虢叔之后，虢太子弃国从扁鹊游，于此修真，内有太子卧石，长六尺，手、足、肩、背宛然。"

这座山峰，包含多种文化。首先是扁鹊文化。因古时山林茂密，鸟语花香，扁鹊这位民间医生，得到这块宝地之后，在山上采药、种药，为民治疾。至今，鹊山山上有数百种药材，主要有何首乌、桔梗、黄芪、茴香、蒲公英、艾、丹参等。其次是太子文化。虢太子在虢国有病被扁鹊治好之后，就跟扁鹊到了赵国，在鹊山住了下来，跟扁鹊一起采药行医，因此山峰被后人命名为太子岩。太子在山上遗留下一批名胜：

太子楼、太子洞、太子井、太子龙池，同时也在邻近的山区留下足迹，如且停山、且停寺、忧心山等。第三，此山因为居高临下，位居边陲，这儿还有山寨文化。

山峰东侧和北侧悬崖陡壁，南侧和西侧山势稍缓。其上有乔家洞、玉皇皋、莲花峰等名胜，风景奇绝。

佛殿沟南侧的鹊山主脊似一卧佛。站于佛殿沟北崖石凿睡佛处，东南望，南山如一尊巨大的卧佛，头东脚西仰面而卧，头、鼻、嘴、颚、胸、肚等起伏于天际线之间，形状逼真。古人在佛殿沟沟头北崖雕凿石质睡佛，可能与对面天然的卧佛造型有关。站在扁鹊庙，夜观此山轮廓，

南山卧佛

似两尊卧佛顶头而卧。民间传说：佛为传扁鹊医术，装病昏睡其山，扁鹊为其全身诊脉，几乎摸不到脉象，只在其手腕寸口处摸到微弱脉象，跳动异常，就用针灸扎穴位救醒病人，从此扁鹊舍去了全身诊脉法，单取寸口诊脉，不但简单易行，消除许多麻烦，还缩短看病时间。据说，昏睡南山的病人，是西天佛祖来点化扁鹊寸口诊脉的，所以，南山上就留下佛祖的身影，似一睡佛。

九仙洞位于卧佛山南缘绝壁上，相传九天仙女曾在此修炼而得名。此洞是沿一组裂隙流水冲刷而成的九个上下错落有致的天然洞穴，洞室幽深可怖，忽宽忽窄，或高或低，蜿蜒曲折，外看九洞各个分明，内部却个个相通，形成洞连洞、洞中洞的奇观，是探险野游的好去处。明朝进士、邑人王彦民任顺德府副史时曾题诗《游九仙洞》："乾坤何处觅丹方，古洞深沉背夕阳。松入五云阴漠漠，苔封一径迹茫茫。九仙信是蓬瀛侣，千载宁无姓字扬。莫把桃源谩相拟，桃源已自属荒唐。"

鹊山顶部有一个南、西、北三面环山的凹地，西面紧靠悬崖绝壁，东面峡谷顺山而下，形成了一处半封闭式的风水宝地。据传虢太子在此修炼，因而得名太子凹，当地人也称其为太子洼。

凹地呈长方形，南北长75米，东西宽35米，有两处建筑群，其前为太子楼区，后为龙兴寺区，占地面积约280平方米。

相传，虢国被晋国所灭，虢太子国破家亡，逃到鹊山要拜扁鹊为师。扁鹊拒收官宦子弟为徒，怕其吃不起苦，而虢太子苦苦哀求，于是扁鹊约定，其认出鹊山上的千种草药，并掌握千种草药的性能，才能收其为徒。太子爬到现今太子凹处，开山洞、挖水井，安身居住，潜心采药、尝药。因熬不住苦累忍不住寂寞，虢太子曾偷跑下山，被扁鹊女徒淑女劝回，从此重新立志，终身学医，成就了一番事业，在鹊山留下大量活动遗迹和传说。

太子楼，坐西朝东，面阔3间，长11米，进深2间，宽6米，分上下两层。据《重修太子楼碑记》记载："自周朝以来，群来谒楼拜祀也。"看来此楼历史悠久，但始建年代不详。清道光三十年（1850），曾进行修葺，后来毁之，也不详何时。现仅存西、南两面墙壁，几根方石柱斜靠在后墙上或躺放在地上，楼前长有一棵高约30米，树径0.4米的老黑枣树。

太子洞，太子楼后面巧借天然悬崖做壁墙，在上面凿空搭架，与前面建筑相衔接。今仅存石壁上的方形孔。壁墙上人工开凿上下两个石洞，下洞洞口宽1米，高1.96米，洞深5.76米，洞口内壁宽2.66米，洞底内壁宽3.40米，洞高2.1米。洞室里宽外窄呈规则倒梯形。下洞口左上侧有一小石窟，窟内佛像面目因山石风化而模糊。从下洞外侧，太子楼后北侧修筑的台阶可攀上洞，洞口与太子楼后门相对，由木板铺通。上洞洞室规整，比下洞体量要小，洞口宽0.88米，高1.48米，洞深3.33米，洞口内壁宽3.66米，洞底内壁宽3.40米，洞高2米，洞内北侧墙壁上凿有壁橱，不知当时做什么用。洞壁西墙上刻有神龛，神龛北侧墙壁上刻有诗一首："五云连石阁，万象俯平川。羽翰青霄上，凌风驭列仙。"落款为江都高□（查资料，此人疑为高汧，字升之，江都人，进士，时任顺德府知府。明嘉靖十八年，即公元1539年，以户部郎任，先为通判，后为郡守）。此洞中原有太子像，明代文人洪敖教曾赋诗《瞻虢太子遗像》志此："为问天台路，追陪五马兴。扪罗霄汉近，烹茗洞烟生。丹灶千年古，蜕遗一羽轻。修然怀远望，何处是蓬瀛。"上洞口右侧崖壁刻有"顾绶、周济用、周恪同登""关中黄元卿来登""万历九年三月十二日平定玉儒□□宋昂同登"等5处摩崖刻字，证明明代嘉靖、万历年间府县官员曾来此览胜。

龙兴寺与佛图澄得龙降雨的传说有关。明、清内丘县志均记载："后周佛图澄在鹊山顶掘得死龙，以水咒之，遂苏，腾空而去，忽降大雨。精灵不昧，能御患，广布雨恩，泽及下民。"佛图澄乃西域一位高僧，在佛教史上占有重要的地位。佛图澄来鹊山，说明鹊山在当时是很有名气的。据记载，龙兴寺区南北长75米、东西宽35米，包括山门、钟鼓楼、大悲殿、大雄宝殿、佛殿、后佛殿、三家佛殿、送子老母殿、纺花娘娘庙等建筑。龙兴寺始建年代不详，明隆庆三年（1569）曾重修。后来此寺大部分建筑已坍塌，仅有部分残墙断壁、残碑、石柱础、石供桌等残件及大明隆庆《重修太子岩龙兴寺碑记》石碑。寺毁于何年无考。寺毁后，此地变为茶棚，招待游客。

鹊山主峰南侧太子凹内，太子楼和龙兴寺之间，有东西两座平房，

太子凹全景

现今为刘氏一家三代五口住房。据传，龙兴寺经过多年修盖，庙宇越来越多，自清代以来，一姓刘的人家搬到龙兴寺看庙，现今已传到第7代看庙人。他们一家善良待人，常为上山的人们提供方便，称为一家庄。现今广义上把太子凹也称一家庄。

鹊山极顶即莲华峰，因山顶数峰石一字排开，远看似含苞欲放的莲花而得名，俗称太子岩。主峰海拔1141米，是太行山脉距平原最近、落差最大的千米以上山峰。莲华峰顶前平台，东西长约30米，南北宽约12米，占地面积360平方米。莲华峰顶石自然崖壁断面上，阴刻双沟楷体"莲华峰"三字，左边竖行刻"清康熙八年，临城乔已□□内丘乔□□"。清康熙八年即公元1669年，距今已有300余年。

莲华峰

因佛教尊崇莲花，莲花满载禅意尊圣，古时"华"同"花"，因此当地称之为莲花峰。

站在莲华峰顶端，西望，茫茫太行，蜿蜒起伏，群峰如涛；东眺，千里沃野，水平如镜。每到春秋雨后，多出现漫山云雾。站立峰端，头上蓝天如碧，脚下白云如涌，云海波涛，势如万马奔腾，气势恢宏，波澜壮阔，蔚为壮观；群峰皆笼罩在雾霭中，使这方名山胜地显出一种恬静神秘之美。等云雾散尽，翠峰林立，恍若置身仙境。

在鹊山极顶还有一大奇观，在扁鹊庙仰望鹊山极顶，莲华峰似含苞欲放的摩天莲花；而从极顶俯瞰扁鹊庙，周围山峦似莲花花瓣，把扁鹊庙簇拥在中间，扁鹊庙红墙黄瓦酷似莲花的花蕊，山峦古庙巧妙组成一朵硕大盛开的莲花。山上山下两朵莲花互相照应，遥遥相望，这又是鹊山的一绝。

神头村

内丘神头村，2008年10月23日，被河北省人民政府命名为河北省历史文化名村。2013年3月14日，经国家住房城乡建设部、文化部、财政部批准，神头村又被列入第一批中国传统村落名录。这得益于扁鹊的神功福荫，让该村的历史文化优势实至名归。

神头村，位居鹊山东麓，全村360多户，1500多人。

村庄历史悠久。始建于何时，没有确切的记载。相传，春秋战国以前就有此村。原为两个村，以河为界，河南岸为焦子村，河北岸叫郎（狼）家庄，后合到一起改名为神头村。这河，即九龙河。

为什么叫神头村？说来历史也相当悠久了。据传，扁鹊战国时在秦国被暗杀后，扁鹊弟子和村民跑到咸阳，把扁鹊的头盗了回来，埋

内丘神头村

到鹊山脚下。在村民看来，扁鹊是神医，他的头当然是神头，神头在村，村名因此改为"神头"。什么时候改的，谁也说不清。

村庄依山而建，南、西、北三面环山，聚落成带状，形似一个"凹"字。村内有街道两条，巷窄深长，路面用石板铺成。沿九龙河自西向东建有四座石桥，即回生桥、西越桥、中越桥、东越桥。

村中民居建筑按山坡高低错落建造，大多以青石为材料。河南保留较为完整的冀西风格山村风貌。全村留有2条古街，9条古巷，96处古民居、古茶棚，10余处古井、古碾。

古民居一般形成四合院和二合院，屋顶以平檐式为主，上铺石板，也有起脊布瓦屋顶。有少数楼式建筑。

院以墙相隔，大的院落建有门楼，门楼两侧有砖雕木刻，多为吉祥文字和传统花纹。

据传，扁鹊及其弟子，在鹊山一带长期活动，采药、行医、从事医药研究，成果丰硕，至今仍留下不少遗迹。如药石、手术台、洗肠沟、捞肠沟、九龙石柏、凤柏等。

小知识◎太子柏·太子井·太子龙池

在太子洞上侧数十米高的崖壁顶边上,沿崖壁一字排开,生长着13棵大小、粗细不均的古岩柏,称之为太子柏。相传为虢太子当年修炼时亲植。

太子楼前北侧有一浅井,称太子井,井深1米多,井水常年旱不降,涝不升,味道甘甜,供寺庙的人饮用,为山上水源。相传为当年虢太子在山中采药、住在此处修炼时所挖。井旁生长着一棵古花椒树。

太子柏

太子洞崖壁与太子井之间有一泉水,泉水由于裂隙发育,地下水沿不透水层在依山崖山凹处汇集而形成。崖壁底有龙王与双龙摩崖石雕像,在石雕像左上方刻有"太子"二字。泉水深两米有余,泉底向崖壁内延伸近两米,人们称此泉为太子龙池。

◎乔家洞

乔家洞,又称仙人洞,位于太子凹东南方山崖半腰崖壁险峻处,海拔高约980米,是鹊山上重要名洞之一。从山崖沿一条曲径行70余米,即可到达幽静的洞口。此洞是借天然的山体狭缝,人工开凿而成,洞口朝东。全洞分上中下三

乔家洞

层,第一层是巧借天然狭沟隘缝,经人工开凿而成,洞庭内可容十余人。向上沿自然洞穴,手脚并用,攀登上去可到二层、三层,二层为自然的缝隙洞,前后两侧可通上下,向里弯弯曲曲约数10米。三层为人工开凿洞室,比较规整,似一房间。西墙下端有出入洞口,洞口处南侧凿有一直径约20厘米的瞭望孔,供察看二层情况。入口上方借墙凿有一高1.2米,南北宽1.88米,东西深0.66米的石炕。洞室底部为14块大小、宽窄不等的人工砌石铺就,入口有可移动石板堵挡。东壁自然隘缝处开凿宽0.8米瞭望窗口,使洞内豁然明亮。瞭望窗设计巧妙,窗设在一个凸出的石崖下,洞外全然看不到有窗,而在洞内凭窗而望,可俯看洞外风景。

洞壁上有刻文:"余先人讳具考,会刘贼变,以斗粟易石为之,故一时千载,遂成千古奇观。乔钵书。"乔钵与其父乔中和于明崇祯二年(1629),同登乔家洞并刻此文。记录了乔家先人为避刘贼"以斗粟易石"之价开凿此洞,"遂成千古奇观"。乔中和,字还一,内丘县城西关人,官至太原府通判。归乡后,静隐其间,潜心编著《说易》等经籍,后人称此洞为"乔家洞"。其子乔钵,字文衣,工诗,著有《越吟》《石钟集》等。曾任剑州(今四川剑阁县)知州。

二 扁鹊祭祀庙群

扁鹊以其医学上的始祖、神医地位,在中国历史上影响巨大,社会民间以各种方式怀念这位医界巨人,全国许多地方都有扁鹊庙。但无论在古代或当代,我国规模最大的扁鹊庙是在邢台市内丘县,这证明,内丘和扁鹊之间存在特殊关系,这为一直传说至今的赵简子赐给扁鹊的四万亩土地确实在内丘鹊山、扁鹊和虢太子长期采药生活于鹊山一带这两件事,增加了可信度。

内丘扁鹊庙,又称鹊山祠、扁鹊祠,

位于内丘县西部鹊山脚下，西临鹊山，东连神头村，南接九龙河，北靠瓮山，是内丘县扁鹊文化区的核心。庙区整体呈不规则长方形，南北长410米，东西宽200米，占地面积约82000平方米。庙区前部较平，后部则高低错落，依坡而建。整个庙区背山面水，负阴抱阳，北高南低，落差约15米。

内丘扁鹊庙，始建年代不详。但都传说汉唐有之，历代均有修葺。史料最早记载见于《魏书·地形志》："中丘前汉属常山，后汉、晋属赵国，晋乱，罢。太和二十一年复，有中丘城、伯阳城、鹊山祠。"清康熙七年（1668）《内丘县志》记载："鹊山庙在鹊山下，汉唐已有之，不详始建，宋仁宗玺封神应王，元学士王鹗，明谕德谢迁有记，三月初旬，来祀者方千里，历代诗文不可胜记。"元至元五年，即公元1268年的《国朝重修鹊山神应王庙碑》记载："汉唐以来，像而祠之旧矣，五季之乱，数经残圮。周显德中安国军节度使陈思让为重修之，是时碑刻有王称。"这都证明，历代朝廷对扁鹊庙均进行过官方修葺，而且规模越来越大，规格越来越高。据元代的碑文说，后周显德年间，扁鹊已从一般民间医生，升格为"王"了，不知始封于何代，封了什么"王"。宋嘉祐初年，宋仁宗封他为神应侯。

据史料、碑文及实地调查，扁鹊庙以元代最为兴盛，规模也最为宏伟，民间有"大庙七十二座，小庙多如牛毛"之说。由于战火、动乱、火灾等多种原因，扁鹊庙屡经破坏，每每重建，唐后历代，都有修葺活动。据民间记忆，原有单体建筑27座，即中轴线上的回生桥、桥楼、山门、献殿、扁鹊殿、寝宫殿、后土前殿、戏楼、后土后殿，中轴西侧有碑楼、百子殿、西厢房，东侧有药王殿、玉皇殿、老母殿、老君殿等。现存建筑15座。

20世纪，扁鹊庙又经历了较长时间的冷落和荒废。因年代久远，加上自然灾害和人为原因，庙宇建筑严重破坏。20世纪50年代，两所学校

20世纪50年代扁鹊庙群

把一些较好的庙殿，稍加修葺作为教室利用，使庙殿极为混杂，这边学生在上课，那边群众在烧香，更不利于文物的保护。

1982年，扁鹊庙被列为河北省重点文物保护单位。为了保护好价值很高的文化遗址，1994年启动了扁鹊庙保护和修建工作。学校外迁，按照"修旧如旧"的原则，对各庙殿进行了全面修葺，并以此开发旅游事业。2006年扁鹊庙被国务院公布为第六批全国重点文物保护单位。

扁鹊庙的建设，无论从选址、布局和庙殿建设，都充分体现了北方的道教建筑风格和特征，在建筑艺术上达到了较高水平。扁鹊庙依山而建，在一道河水以北，从平地扩展到坡地，沿一条中轴线，众殿个体逐步登高。中轴线以及两厢近似对称的配殿，是中国传统园林的基本格局。扁鹊庙群实际上已是一个经典园林。贯穿这个园林的基调是天、地、人的结合统一，把道教理念贯穿于园林格局之中。天（玉皇）、地（后土）、人（扁鹊），三才相融，以主体建筑体现人和自然的融合，更突出了扁鹊的神应地位。

和全国其他地方众多的扁鹊庙（祠）相比，内丘的扁鹊庙（祠）原是专祭扁鹊，单有扁鹊神坛的，而后又把众多道教的重要庙殿融合进去，充分体现了道教文化在扁鹊文化中的主导地位。不仅如此，在扁鹊文化中还有不少佛教建筑，特别是在鹊山上，庙区内也有。这体现了中国传统文化

扁鹊庙全景

中儒、道、佛的融合格局，这也表现了宗教文化的民俗性，因大部分群众是不会关心各教各宗间的差别，对于他们来说，能保佑万众平安的，都是神，都是佛，都是仙。

在循山围墙之内的扁鹊庙群，实际上是个扁鹊园，园内以三大建筑：玉皇殿、后土总司殿、扁鹊殿为主体，主配分明，井然有序，在群山环抱之中，实属一方风水宝地。

扁鹊庙群，由宫殿建筑、园林建筑和民间建筑多种风格融合在一起。宋仁宗天圣九年（1031）修其庙廊，"光华回出"；宋神宗熙宁二年（1069）再修，"重檐密庑，森然如翼，巍然可观"；金明昌元年（1190）内丘县令赵实率众监修，在雕梁画栋上有较大突破，因而令"其庙自古以来未有似今完备者哉"。可是不久，辉煌的庙殿竟几乎全毁于一场大火。金宣宗元光二年（南宋嘉定十六年，1223），节度副使苏仲毅鉴于扁鹊庙的价值，在旧址启动重建。内丘人、元提点太医颜天翼，随军从医20来年，元定都大都（北京）后，告老还乡，他毕生崇敬扁鹊，回内丘后决心在有生之年，重修扁鹊庙。他携夫人张氏和两个儿子，奋力10余年，终于让宏伟的庙群重现于世。但正当庙宇落成之日，颜太医因劳累而死，许多后续工程由其儿子接着完成。明成化二十三年(1487)、万历六年(1578)、万历十三年(1585)、天启元年(1621)、清光绪二十二年(1896)等均有大规模修葺活动。而且这些活动，均是以官庙的规模，由官方牵头完成，保持地方庙殿的最高水平。

　　近年恢复的扁鹊庙群各庙殿建筑，较好地保留了历史原貌。下面我们从扁鹊庙前回生桥开始，由南而北，自低而高，依次介绍一些与扁鹊相关的重点建筑。

1　回生桥

扁鹊庙前是一条自西而东的九龙河（襄河）。从河南岸进庙，必须过一座桥，这就是回生桥，又名九龙桥。回生桥，坐落在九龙河上，因此还得先介绍一下这条河。

九龙河，又名襄河，由西向东，从扁鹊庙南门前流过。实际上，这是一条泄洪河，由蓬山各山川的水汇流而成。据说主要山川有九道，当时称之为九龙之水，故名九龙河。还有一传说：扁鹊为医治蓬山一带的瘟疫，熬药用干了井水，天上九龙为助扁鹊普救众生，卧河吐水，此河即得名九龙河、九龙泉。据道光十二年（1832）《内丘县志》记载："在鹊王庙前，西山一派九水合流于此，故名。"按《明一统志》，内丘有龙腾水，其源出自龙腾山。又龙腾山，在鹊山顶，相传是佛图澄"掘得死龙，以水咒之，即苏，腾空而去，忽降大雨"处。

九龙河上的回生桥，包含浓厚的传奇色彩。当地的传说，都是和扁鹊有关的。相传，扁鹊在其受赐封之地，普救众生之举，深感上天，遂派神仙降下彩虹石桥，恰巧落在九龙河上，后人称之为回生桥。而它之所以取名回生，主要是形容扁鹊医术高明。古时人们觉得无论得

古回生桥桥楼

了多重的病,只要走过这座桥来到扁鹊的住所,就有起死回生的希望。而现今有了新说法:走一遭可祛病消灾、强身健体;走两遭可延年益寿、长命百岁;走三遭可身心俱轻、飘飘欲仙。

此桥开始是座小桥,原名越桥。因扁鹊来回跑,患者也来回过河找扁鹊,于是村民修了这座小桥。还有一个传说:王母娘娘看到扁鹊对村民这么好,这么忙,这么辛苦,于是动了恻隐之心,仙袖一拂,襄河上出现一条彩虹,越桥不见了,于是出现了一座大桥。

但一块古代石碑,给回生桥一个新名:九龙桥。明嘉靖二十二年(1543)《鹊山鼎建九龙桥记》说:此桥初名回生,又名龙登,其南有亭,嘉靖年间又改名九龙桥,因西山有涧九道,如果暴雨发作,九源之水鸣瀑扬波,此称九龙口,因此桥亦改此名。此碑还说,原来的"桥亭故址规制狭小,今大改作之。其桥高一丈七尺,阔二丈六尺,长二丈八尺……其亭绘以丹漆饰以金碧华渝。昔亭至山门十丈余,皆大石铺砌……"可见其桥建筑年代久矣,后重修于明嘉靖二十二年(1543)。可惜在1963年那场百年不遇的洪水中,该桥被山洪冲垮,使桥身构件七零八落,大件被淤沙埋于深处,小件被洪水冲走。至今只找到了部分栏板和"吞水兽"等遗物。

原回生桥为单孔石拱桥,桥身立面,中设单孔,半圆拱券。券正中的两侧券面石各雕刻兽头,其兽为龙生九子之一的蚣蝮,俗称"吞水兽"。桥面两旁设桥栏板,并用方形望柱镶嵌。在方形望柱上端雕刻小狮蹲卧状或宝葫芦顶，同望柱连成一体，一次雕成。每块桥栏板均分为两格，浮雕人物故事、珍禽瑞兽、奇花异草。整个桥身、桥面、桥栏板皆用当地开采的糙白玉料石砌筑，造型美观，雕刻精湛。

现桥于1999年6月在原址上恢复重建。跨度为13米，长33米，高8米，宽8米，石质为糙白玉，风格系明代，保持当年雄姿。

回生桥北头原有桥楼，20世纪60年代被毁，现仅存一尊楼前桥头兽，已移置庙内保存，桥楼前的一对石狮也移放到扁鹊殿前。

1999年重修的回生桥

2 碑楼

碑楼是长方形阁楼式建筑，共分三层，全用仿木的砖雕，结构严谨，雕刻精湛，实属精品。后因时间久远，基部蚀塌较为严重。20世纪60年代，彻底拆毁，楼内的透灵碑，也险遭被砸厄运。幸有神头村几位老人以身相护，冒着巨大风险，日夜看守，后偷偷地把它埋在地下，才得以完整保存。2002年，在原址上，按旧楼相片和群众回忆，重新建立碑楼，透灵碑又显示了昔日的神采。

到了扁鹊庙，过了回生桥，人们看到最大的亮点就是这座高大的碑楼，里面安然地竖立着令人神往的透灵碑。相传，扁鹊庙非常灵验，前来求医问药的人络绎不绝，就连历代朝廷派大臣来求者也不少。据说，有个皇帝病了，

古碑楼

梦见扁鹊给他切脉治病，病好后，就命当朝宰相代他书写碑文，在庙里竖起一块又高又大的石碑。这碑可神了，只要在碑前一照就知自己前身是何物转生的。有一南蛮人知此碑是宝物，趁夜深人静想盗走，守夜道士得知轮流守候。一天半夜，庙中乐声响起，第二天透灵碑被罩上碑楼。碑楼为清一色蓝砖雕成，飞拱重檐，雕刻精细，非人间能工巧匠所为，都说是鹊王爷从天上搬来的。碑楼上那些拿着刀、枪的人物就是专门保护石碑的神仙。

3 山门

山门，坐北面南，系布瓦歇山卷棚顶，砖木结构，檐下斗拱22攒。通高7.6米，面阔3间，长10.2米，进深2间，宽7.8米，占地面积117平方米。位于庙区南端，回生桥北边，同桥在一条中轴线上。原

山门

山门始建年代不详，20世纪50年代被毁，1999年在原址上恢复重建，系清代建筑风格。悬挂木质匾额"扁鹊祠"，楹联"名山古柏千年秀，龙泉神水万载流"。

山门前两侧放置一对石狮，山门内塑道教的守门将军两尊，左边青龙叫孟章神君，右边白虎叫监兵神君，高大威猛，形象逼真。

4　扁鹊殿

扁鹊殿，又名鹊王殿、神应王庙，坐落在中轴线的前部，是扁鹊庙群的核心。扁鹊殿就是尊崇、祭祀扁鹊的场所，由此可以推测，它是庙群中最早的建筑，其他建筑由其衍生。

扁鹊殿建于何时，无法确证。根据现在能见到的庙殿重修碑记载，有说是汉代的，有说东周就有了。不过这些碑刻是北周、宋、元时代的，也不是当代的。说扁鹊殿历史悠久，是国家重要文化遗存，那是当之无愧的。

据古碑记载，该庙因为金末一场大火，让大殿荡然无存。现在看到的殿宇，最早的建筑元素也只有元代的。明、清屡次修葺，以明清风格为主。作为一个地方庙殿，能保留这样的规模和风貌，也实属难得。

1996年5月河北省文物局批准，该殿落架大修，殿内保持原状，柱子、斗拱及大梁都是保留元代重修时的木料，没做彩绘，但过去的彩绘痕迹仍清楚可见，距今已有800多年的历史，经修缮后仍保留元代建筑风格。

落架大修时，对该殿的基础进行清理，发现原殿当时的基础要大一圈，四周向外延了1米左右。这证明，元代以前，庙的规模还要大，或许当时四周带有房廊，这和历代碑文记载吻合。

修复后的扁鹊殿，坐北面南，坐落在中轴线前部，同山门在一条中轴线上，是祭祀扁鹊的重要宗祠和处所，又是该庙的主体建筑之一。平面呈长方形，通高11.1米，面阔7间，长21.78米，进深3间，宽9.94米。建筑面积216.49平方米，占地面积426平方米。系单檐布瓦九脊歇山顶，柱网布置采用减柱、移柱的手法，扩大殿内空间，檐下斗拱44攒，为五铺作双下昂里双抄计心道。梁架结构为六椽栿前后对搭牵用四柱，彻上露明造。殿外大木构件均采用了清式旋子彩画，色彩调和，更显庄重雄伟。

扁鹊殿

1997年落架大修的元代扁鹊殿内建筑结构

原殿内塑像已不存。现殿内塑像11尊，为新塑。殿中央塑一尊扁鹊坐像，其面相方正，留须，神态慈祥、端庄，头戴冕旒冠，上着直领宽袖长袍，外罩半臂，束腰，前有垂带，下长裙曳地，足登高履，领、袖、襟皆有绣边，并绣有纹饰，一副王侯之相。此像于1998年10月，由廊坊雕塑家协会设计塑造。两侧是扁鹊的十大弟子塑像，西排：子仪按摩、子越赶车、子游炼丹、太子采药、子术操刀；东排：子同开方、子明司药、子阳用针、子容诊脉、子豹为灸。通过这几个弟子的不同造型，可以知道扁鹊医学造诣之广博，也正是因为掌握了中药、针灸、按摩、诊脉等各方面的知识，扁鹊才可以游走四方，随俗而变。

自从在墓地建祠以后，人们就不约而同前来祭祀、朝拜。据明万历六年（1578）《重修鹊王庙记》："是故由周而来，历二千载矣，人之骏奔，而俎豆者……"说明了祭祀扁鹊的历史。清康熙七年（1668）《内丘县志》记载："……三月初旬，来祀者方千里，历代诗文不可胜记。"现在的季春三月，祭祀者仍是人山人海，不仅仅是一府九县的人们，还涉及北京、山西、山东、河南等邻近省市，还吸引到中华医学会、国外友人等。

该殿原悬挂什么匾额不详，据调查曾用过"神应王庙""得一以圣"等匾额。此殿具有建筑年代早、规模大等特点，对研究古建筑营造法则和扁鹊的历史地位有重要价值。

5　后土总司殿

后土总司殿原名土司殿，又称后土殿，俗称奶奶殿，因在前奶奶殿之后，故称后奶奶殿。是扁鹊庙中体量最大、气势最为宏伟的殿宇之一，位居中轴线上。

在一个庙群中，建两个奶奶殿，前奶奶殿之后又建后奶奶殿，两者相隔43米，而且在同一轴线上，为什么？没有记载，也许是原殿太小，无法容纳祭祀奶奶的香客，于是在后面又建了一个，而且比前殿还要大。

该殿坐北面南，系单檐琉璃剪边九脊歇山顶，通高9.55米，面阔7间，长21.6米，进深3间，宽9.02米，建筑面积194.83平方米，占地面积274.1平方米。梁架结构为六椽栿前后对搭牵用四柱，两廊步，檐下斗拱有42个。殿内外梁架全部选用旋子彩绘，装修部分全红漆，红色的门窗部分和蓝绿色的檐下部分还加上金线和金点，蓝、绿之间点少数红点，使得建筑上的彩绘图案显得更加活泼，增强了装饰效果。殿匾额曾题"后土总司"，现题为"得一以宁"。

该殿始建年代不详，据明万历二十三年（1595）《贡完碑记》记载当时已有该殿,清康熙五十八年(1719)重修。1985年7月此殿毁于火灾,仅剩断垣和被烧毁的梁架残骸。1993年8月,按古建筑中"修旧如旧,保持原貌"的修缮原则,在原址上仿元代风格重建,1995年4月竣工。

现大殿内所有塑像均按原来大殿内的塑像布局设置。高大的神坛之上有三塑像,主尊为后土,其神命曰"承天效法厚德光太后阴君",两侧为金童玉女侍奉。大殿东西两侧,紧靠东西两壁,每壁塑美女六名,计十二尊,俗称奶奶前的十二侍女,即十二吹官,其芳名为:美玉、窦兰、香丽、江嬉、娱云、姹红、灵淑、香春、盒淀、耿莲、云峰、强玉,每人手持不同乐器,姿态各异,神采飘逸。相传,在大殿内夜间曾响起乐班的吹奏声。

后土源于原始宗教中的土地崇拜,土地是人们赖以生存的物质基础,衣食住行全离不开大地,它是"人类之母亲"。此殿在庙区中,香火相当旺盛,"远近男女老幼相告而奔走恐后备粟以敬焉"。每逢庙会敬拜者更多。每年农历三月初一和十月初一庙会时,会看到万人朝拜的盛况。民间将此神的生辰定为每年农历三月十八日。

相传,扁鹊在他的封地古蓬山(现鹊山)研究医学,后土奶奶下凡民间,也看中了扁鹊所占的地方。一天扁鹊看完竹简插在地上,后土奶奶悄悄把自己的绣花鞋埋在竹简下,跟扁鹊说这地方是她先占。扁鹊二话没说就让了地方。后来人们建扁鹊庙即按天地人布局而建。

6 玉皇殿

玉皇是中国道教祀奉的第一大帝，地位最高，权柄至上，相传他总管三界魔（上、中、下）、十方（四维、四方、上下）、四生（胎生、卵生、湿生、化生）、六道（天、人、阿修罗、地狱、畜生和饿鬼）的一切福祸。因此，玉皇殿是道教的至尊建筑，作为以道教文化为核心的扁鹊祠，不能没有玉皇庙。

玉皇管天，把玉皇庙建在扁鹊殿、奶奶殿之后，中轴线偏东，庙宇群落的最高处，决不是偶然的。玉皇殿居后，且在最高处，是人、地的根本保障。

玉皇殿殿前原有几通古碑，但在20世纪五六十年代，古碑或被砸掉，或被埋在地下，有的甚至已被烧为石灰。它显然要比扁鹊殿晚些，因它是道教文化进一步发展和扁鹊影响不断升华的结果。据清康熙七年（1668）《内丘县志》记载，"鹊山扁鹊殿后玉皇殿，嘉靖年间知府刘应节建"。

玉皇殿1975年被拆，改为学校宿舍。根据群众的回忆，其建筑形式为琉璃瓦庑殿顶。1999年在原址上重建。重建大殿时，在调查考证的基础上尽量保持明清风格。匾额为"得一以清"，这来自《道德经》的名言："天得一以清，地得一以宁。"

重建后的玉皇殿，位于后土总司殿东北的台地上，坐北面南，系黄琉璃剪边布瓦庑殿顶，通高8.5米，面阔5间，长19.6米，进深3间，宽11.6米，建筑面积227.36平方米，占地面积250平方米，为扁鹊庙群的主体建筑之一。

该殿供奉的是道教天帝四御之首的玉皇大帝。原塑像有3尊，即四御之中的三御：玉皇大帝、北极大帝和南极大帝。玉皇大帝是道教中最高神之一，在道教中，玉帝的地位在三清尊神之下，但在世俗的心目中，玉皇大帝是中国最大神，是众神之王、三界之首。玉帝的塑像，身穿九章法衣，头戴十二行珠冠冕旒，手持玉笏，旁侍金童玉女，完全是秦汉帝王的打扮。"玉皇诞"即所谓玉皇大帝的生日，在正月初九，历史上有较大的祭祀活动。

7　扁鹊墓

扁鹊墓，位于整个庙区西侧，百子殿正西32.5米处的山坡下，至今尚显当年开凿棺坑的迹象。据传此地就是埋葬扁鹊头颅的地方。1994年6月，在此地前空地上修建扁鹊纪念墓一座，形制为馒头形，八边形砖砌墓顶，下设砖砌墓室。墓前立有墓碑，是元中统二年即1261年立的，上刻"神应王扁鹊之墓"七个大字。墓地周围有栏杆，前有台阶，背靠山包，周围翠柏林立，庄严肃穆。

据庙碑记载，扁鹊在90多岁高龄时，仍带领两个弟子到秦国行医，得到秦王的重用。秦国的太医令李醯"自知技不如扁鹊，使人刺杀之"。扁鹊遇害于秦国，消息传回来以后，蓬山老百姓非常悲痛，就派人到秦国，打算把他的尸体运回来安葬，但是秦王觉得神医在他的国土上被害，对不起自己的国民，要以王礼厚葬扁鹊，不肯让蓬山人把其尸首运回。最后，人们只把他的头颅盗回，葬于蓬山脚下，并在旁建祠纪念他，就形成了今天的扁鹊祠。而山下的焦子村和郎（狼）家庄就合二为一，改名为神头村，蓬山也就改名为鹊山。

相传，宋嘉祐年间，仁宗皇帝赵祯得了一种奇怪的病。他不烧不冷体温正常，也感觉不出哪里不舒服，就是不能吃东西，吃了就吐。慌得太医们奉旨轮流为仁宗治病，结果谁也治不好，眼瞅着一个一个被推出午门杀了头。有上百人的太医院杀得只剩一个姓李的年轻太医了。李太医是专门研究扁鹊医术的，精通扁鹊《难经》，对扁鹊特别敬仰，可他知道，就凭自己的医术，很难治好万岁爷的病，等着砍头处死，不如生个法逃命，于是心里早就想好了主意。仁宗宣李太医治病时，李太医跪在龙床前说："臣治不了你的病，可神医能治万岁爷的病啊！"并把扁鹊庙的灵验对皇帝天花乱坠说了一遍。直说得仁宗龙心大悦，立刻命李太医带着厚礼前去扁鹊庙朝拜求神方。话说李太医走后，仁宗想到神医扁鹊那么灵验，心里的焦急减轻了许多。他晚上做梦，梦

扁鹊墓全景

见一鹤发童颜的老者,来到他身旁为他诊脉,然后冲着他肚子猛踢一脚,仁宗觉得疼痛难忍,哎哟一声大叫醒来,原来是南柯一梦。宫女送来御饭,仁宗端起就吃,奇怪的是吃了却没有呕吐。实际上仁宗患的也就是现在的神经性胃病,他年老多病,生怕自己死去,心理负担很大,长期的心理压力,使他患了至今也难以检查出来的神经性疾病。李太医回朝复命,宋仁宗已完全恢复健康,亲自出朝迎接,又在金銮殿上下诏封扁鹊为神应侯。

在扁鹊行医所到的地方都有扁鹊墓,如陕西临潼,山西永济,山东历城、长清,河南汤阴伏道村,皆有扁鹊庙、扁鹊墓。而内丘县扁鹊庙是全国规模最大的一组扁鹊庙群。这里的扁鹊墓更具特色,不是尸体墓,不是衣冠冢,更不是虚冢,而是神头墓。据说,为了保证全尸,扁鹊的身体是用楠木做的。历史上,前来祭墓的人络绎不绝,特别是庙会期间,更是香客云集,香火旺盛,充分体现了后人对扁鹊的深切怀念。

8 药泉

药泉位于后土总司殿西北侧的山坳处，泉水甘洌。相传扁鹊及其弟子当年熬药取水于此，故名药泉。原泉址已毁，2010年10月26日，在此施工中发现"药泉"石碑一通，据考证，石碑"药泉"二字为元代平章政事不忽木所书，后对旧碑重立，对泉址进行整修。

"一勺神浆"

9　其他庙殿

随着历史发展变迁，根据民间民众需求，扁鹊庙群逐渐增添了道教、佛教及民间俗神等庙殿，主要有：老君殿、三清四御阁、佛祖殿、后土前殿、百子殿、药王殿、财神殿等。

后土前殿门洞

三 扁鹊庙历代重修碑刻代表

说不清，鹊山上，扁鹊庙里庙外，原有多少块石碑。据村民说，20世纪后半叶，这一带到处是碑，有立着的，有倒地的，有碎断的，有局部残缺的。但后来越来越少，有的被挪走干别的用了，有的被砸碎，有的被埋地下，有的和其他石料一起，被烧成石灰了。

这里我们从侥幸保存下来的遗存说起，选择几块较重要的碑刻，按立碑时间，简述如下。

1 后周碑

后周碑碑文（局部）：

……大王庙宇 颇历岁华 雨漏风吹 梁欹柱侧……乃急征良匠刊石……赞曰 鹊山幽趣 鸾鹤育羽……吴越称卢 德震圜区……神殿清澈 装塑光洁……征巧刊石 靡成碑碣……时大周显德……

这是现在能见到的、立碑时间最早的碑刻残料。1954年，中国中医研究院研究员马堪温、丁鉴塘来内丘调查，在神头村发现了此块残碑。

此碑为五代后周显德年间立的，具体哪一年不清楚。显德年间，是公元954年至959年，距今已有1000多年。显德为周世宗年号，周世宗柴荣，周太祖郭威的义子，二人均为邢州尧山（今隆尧）人。此时为扁鹊庙立碑，应当有个说法，但已失传。

这道残碑透露的最重要信息是：后周时，扁鹊已封王。是在哪个朝代、由哪个帝王封的，不知道。残存的两个篆字中，就有一个"王"字。残存的碑文中，提到"大王庙宇"，同时也说到蓬山，那时已叫鹊山。

看来这也是一个重修碑，因为它说"大王庙宇，颇历岁华，雨漏风吹，梁欹柱侧"，损坏得还不轻。文中肯定大力赞扬扁鹊的人和事，同时还赞颂"鹊山幽趣"。重修的规模和质量一定很可观，因"神殿清澈，装塑光洁"，肯定是说修葺的状况。

如今此碑已流失，仅存图书资料拓片。根据拓片，碑额仅残留两字，碑文残留57字。从内容上分析，此碑体量可观，内容丰富，只可惜现存的仅是一小块。

2　重修神应侯庙记碑

这是一块保留完整的古碑,立于宋神宗熙宁二年,即公元1069年,距今已有946年。

碑文记载,当时扁鹊庙规模较小,建筑破旧,但香火非常旺盛。邢州知府李瑞懿曾多次到内丘扁鹊庙祭祀,特别是遇到大旱这样的灾情时,要去求雨,而且每每见效。因此他下决心要回报神灵,扩修扁鹊庙。他了解到,神应王庙的香火收入颇巨,但均交予官府,变为公款。他马上下令,让县令把这笔款返回庙宇,作为修复资金。此举马上见效,扁鹊庙的规模更大了,殿堂新了,面貌变得庄严整齐,雄伟壮观,香火也就更加旺盛了。

该碑碑高2.05米,宽0.8米,厚0.22米。圆形碑额,碑文楷书,共21行,每行40余字,共700余字。原立在元碑(透灵碑)南侧,现存于庙内碑廊。

修复既竣,知府李瑞懿命内丘知县张仲孙立碑志庆,命当时的邢台县知县杨守道撰文并书写。此碑文反复讲述立碑的用意,宣扬英灵良行的意义,也依托《史记》等资料,介绍扁鹊的一生。其中有一点,是很值得注意的，就是说扁鹊所处的战国时代，遭遇乱世，天子也不明智。凭才智，扁鹊不是不能委曲求全，谋个官位干干，他却凭自己的能力和技艺，游走于民间。既然能拯救百姓，谋福百姓，为什么一定要当官呢。尽管后来有了封地，扁鹊却仍然云游四方，为百姓行医送药。

3 国朝重修鹊山神应王庙碑

"国朝重修鹊山神应王庙碑"俗称透灵碑。这是扁鹊庙极为重要的一块元代古碑，保存良好，历来是研究扁鹊的重要资料。

该碑为青石质。高2.8米，宽0.94米，厚0.3米。弧形碑首，浮雕六龙，矩形碑额，龟趺座。碑文楷书，共30行，少者5字，多者53字，共计1025字。元至元五年（1268）立石。位于山门口西侧，坐西面东。此碑不但是研究扁鹊生平的重要史料，而且从碑文可以折射出扁鹊殿的沧桑历史。碑文前半部分记录了扁鹊行医及历代重修扁鹊庙的情况，后半部分记录了邑人颜天翼（元朝太医院提点）于至元五年（1268）重修此庙，中途病逝，其妻张氏和长子伯禄，继承遗志，完成未竟之业的过程。其次子伯祥，请求皇帝立碑表彰，元世祖忽必烈应允，诏令翰林学士、承旨资善大夫、知制诰兼修国史臣王鹗撰写碑文，重臣、藏春居士、前中书省都事刘郁篆额，刘秉忠（邢台人，郭守敬的老师）书丹，立下这座功德碑。

元代忽必烈在登帝位前，曾在邢州一带担任过巡抚之类官事，深知扁鹊对邢州黎民的重要性，并派使者到扁鹊庙祭祀，求神灵保佑。使者回禀神堂情况，忽必烈萌发修庙之意，并常在太医院提到此事。颜天翼当时已到退休年龄，而且祖籍内丘，于是表示愿意告老还乡，秉持此事。忽必烈当即答应并下令，庙宇的供奉钱财交颜支配，先顾生活，余下的全部修庙。

颜天翼是一位医生，早年一直跟随忽必烈在军队服务，并精心调理朝廷的医事。这次携夫人张氏和长子伯禄回内丘，积极采集材料，招募工匠。但没过多久，正当修葺工作红火进行时，颜老暴病而逝。其妻及长子继承天翼之业，接着修建，终于完成了忽必烈之命和颜天翼的心愿。扁鹊庙为之一新，香火规模也进入鼎盛时期。

修好后，颜天翼次子颜伯祥，在朝为官，奏请皇上为此事刻碑，以传后人，忽必烈应允，于是有了这块流传至今的透灵碑。

这块碑之所以为后人所器重，因它具备几个耀眼的亮点。

第一，它是皇帝的旨意。一个帝王为地方庙宇修葺下令，修好后又下令立碑，这不是一般的规格。扁鹊是个四处游走的平民医生，但由于他的医学、医术和医德超人，在元代这位帝王之前，早已封王，可见扁鹊决非一般的民间医生。

第二，这次重修活动，是由朝廷太医院太医亲自主持运作的。他逝于岗位，其夫人及二子继承遗志，圆满完成，此事本身也十分感人。

第三，碑由王鹗撰文，刘秉忠书写，刘郁篆额。帝王任命这么一个"制作班子"，也属罕见，足以证明此碑的地位和分量。因此，朝野均称其为"名人碑""朝廷碑"。颜天翼，精岐黄，征赴内廷，随忽必烈左右近20年，任太医院提点。他的儿子颜伯祥，位居嘉议大夫，上都留守总管，兼开平府尹。王鹗为元代著名文学家、史学家，忽必烈贴身文士、大臣，官至翰林学士、承旨资善大夫、知制诰兼修国史臣。忽必烈命他撰文，他说他和天翼，"义均同气"，帝王之命，只能跪拜接受。刘秉忠更不用说了，元代的开国勋臣，忽必烈的实际丞相，元代的众多国事，均出于他之手。刘郁为中书省都事，掌政总领百官，不仅是元朝重要的政治家，还是出类拔萃的书法家。完全有理由说，此碑是重量级古碑。

第四，此碑留下刘秉忠的书法1000多字，这对今世，特别是邢台，意义非同一般。刘秉忠不仅是一位集儒道佛于一身的政治家、谋略家，还是一位伟大的文学家。一部《藏春集》充分展现了他的文学天赋。而这道碑，又告诉我们，刘秉忠还是一位杰出的书法家。据《元史》记载：刘秉忠工翰墨，一生追求书法，楷书学颜真卿，草书深得二王三昧，无一不精。他的草书作品今已失传，楷书也只有这一块碑了。这足以证明此碑在文化史中的重要位置。特别是对于邢台来说，这块碑是邢襄书法史上的一块里程碑。

第五，碑文中，对中华医学史、扁鹊生平及医术成就作了全面准确的记述，特别提到"简子病愈，即中丘之蓬山赐地四万亩，时往来居之"。如此明确地记载扁鹊和内丘之间的关系，这是我们所见到的最早的记载。元代以前，是否有这方面的资料，我们不知道，王鹗、刘秉忠他们很可能见到过，否则不会凭空写出这样的文字来。这点，对邢台，对内丘，非常重要。

第六，碑文中较为详细地记录了扁鹊庙的几次大修，为后代研究留下重要的资料。如：汉唐以来，人们为扁鹊塑像修庙；五代时北周显德年间（954～959），安国节度使陈思让重修；宋嘉祐初（1056），仁宗身体不适，派使去扁鹊庙求医，病好后，下旨赐扁鹊为神应侯；宋神宗熙宁二年（1069），邢州知府李光禄委派内丘县令张仲孙、邢台县令杨守道大修扁鹊庙；金朝明昌元年（1190）后，内丘县县令赵实亦曾几次自发修缮，但不久，一场大火，庙宇荡然无存；金宣宗元光二年（南宋嘉定十六年，1223），节度副使苏仲毅率众重修，但未完工，殿顶无瓦，仅覆以土。

以上种种，均是研究扁鹊庙史的重要史料。

此碑为什么叫透灵碑？

在民间，称透灵碑的比比皆是，有的以碑额透空而名之，有的因能发铃声而名之。实际上在民间，凡是碑体宏大，规格较高，价值非凡，或有特殊说法的，均习惯称为透灵碑。在群众心目中，透灵碑就是重量级的石碑。

在内丘，当地群众没有不知道这块元碑的，但很少有人称之为元代碑、重修碑、王鄂碑，一说透灵碑就知道是指这块碑，因为他们知道，这块碑特"灵"，围绕这个灵字，有不少传说。

相传，只要是没做过坏事，心地又虔诚的人，站在碑前默默祈祷，碑上就会出现自己的影子，能得知前生由什么转来，今后有什么祸福。若是吃了碑前面的贡品，有病的去病，求子的得子，赶考的金榜题名，做买卖的财运亨通，就是求姻缘的也能终得郎才女貌，喜结百年之好。所以人们都叫它"透灵碑"。而现在为什么照不到人影，传说古时有位特别贪财的赵县官，庙会期间来到此地，将香火钱全部收走，而后又站到碑前想照照自己是什么转世。一照，他大吃一惊，自己是个黑心黑肺的兔子。他大发雷霆，就把碑烧了。透灵碑因此由白变黑，再也照不到人影了。那县官回衙后就死了，由此民间留下了"透灵碑吓死赵县官"的故事。

不仅如此，相传在战国时，扁鹊来内丘反对巫术，推广医学，但开始百姓并不认可，于是扁鹊在内丘卖烧饼，不过他在烧饼里加了草药，一年四季加药不同，因此又称"四季饼"，生意非常红火。四季饼于是流传下来。有了这块透灵碑之后，群众发现，把烧饼放在碑上照一照，擦一擦，这饼的药效大增，能治百病。孩子吃了，特别聪明，日后必成大器。

此碑竖立后，颇受各方关注。就在当代，为碑复建了碑楼，成为扁鹊庙的一大亮点。

碑楼

4　重修鹊山庙记碑

此碑立于明成化二十三年（1487）。

碑文内容是记述扁鹊的经历和医术，特别强调他的医德。关于赐地问题也采取了两种态度，但肯定扁鹊在赐地上久居行医。其中提出一个信息，明代曾对祭祀标准进行了一次调整，像民间类似扁鹊这样的"王"，不再祭祀的很多，但为什么把扁鹊留下？成化年间顺德府知府林恭反而对扁鹊倍加推崇，于宪宗成化丙戌年（1466）三月亲临扁鹊庙进行官祭，并督促内丘知县夏勋，重修扁鹊庙。

碑文中，称赞林恭知府对百姓有所作为，并提出，衙门官吏，若都像扁鹊那样为民谋利，肯定会得到百姓的尊敬和称赞。立碑的目的，也就是要记录高尚义举，激励今后在这里做官的人。

此碑现存庙内碑廊。

5　重修鹊王庙碑

此碑立于清光绪二十三年（1897）。

碑文内容记述了上古时期有一个叫扁鹊的人，与轩辕黄帝一样，精通医药。等到了春秋时期，郑国（今河北任丘）有一个名医，姓秦，名缓，字越人，在齐国卢（今山东济南长清区西南）行医时，人们称他为"卢医"。曾有一不同寻常的人叫长桑君，传授给他医药秘方、号脉看病的技艺。他靠这医术周游列国为人诊病，随（今湖北省随州市）大夫季梁称他为神医，虢太子在他的医术下起死回生，齐桓公不听他的劝告而丢了性命。人们看他诊病有灵丹妙药，能妙手回春，就像上古时期的神医扁鹊，就称他为"扁鹊"。后来，他到邢襄（今河北邢台市）行医，隐居在蓬山（今河北内丘鹊山）。晋大夫赵简子在中丘蓬山赐给他田地四万亩。汉唐以来，人们在这里为他建庙祭祀。年代久了，社会上不太清楚扁鹊庙的来历，说山上有一块白石，外形像一只鹊鸟，因此，山名叫鹊山，庙名叫鹊王。鹊山、鹊王庙虽均与"鹊"有关，来历却不同，其实是两回事。

从碑文中我们知道几个信息。一是扁鹊姓秦，名缓，字越人，号扁鹊。这很符合我国古代取名、字、号的讲究。二是扁鹊游医曾到过现今的山东、湖北、河南、山西、陕西、河北等地，但最后隐居的地方是河北内丘。三是内丘的鹊山和鹊王庙都是因纪念扁鹊而得名。这些有定性的文字，为扁鹊文化研究留下了珍贵的资料。

此碑现存扁鹊庙内碑廊。

扁鹊庙内古碑碑廊

6　重修扁鹊庙台基后土前殿药王殿百子殿记碑

此碑是 1989 年内丘县人民政府重修扁鹊庙台基、后土前殿、药王殿、百子殿所立石碑。

因扁鹊庙在 1982 年列入河北省重点文物保护单位，为了保护古老的文化遗产，弘扬中华民族文明，自 1986 年至 1989 年，历时 3 年，通过政府支持，民众集资 3 万多元，四座庙殿焕然一新，重放异彩。正如碑文中写道："崇山叠翠，神峰隽秀，奇松怪柏，郁葱苍森，古庙壮观，雕梁画栋，清流倒影，珠联璧合。磊磊山形千古仰，巍巍庙貌四方钦。实乃古今名胜旅游之盛地。"

此碑现立扁鹊殿前东南角甬道旁。

7　历代扁鹊祭祀祭文碑

明隆庆三年祭文碑

此碑立于明隆庆三年（1569）。

这是现在发现的最早的一块祭文碑，是直隶顺德府同知署府事李汝节到内丘祭祀扁鹊时所立。

在祭文中用的是扁鹊的名"缓"和"王"，首先记述了"感应鹊山王"称号是皇帝下令封赏的。

其次介绍扁鹊的人生经历，他是春秋时期一个不寻常的人，遇到长桑君学了一身神奇的医术，在虢国救了虢太子，在齐国劝治齐桓公，在晋国医好了赵简子，在秦国被害。

第三说明世人不忘扁鹊治病救人的恩德，在内丘山坳里建庙纪念他。从王公大臣到黎民百姓，有百郡之人为祭祀扁鹊，带着牛、羊、猪三牲和酒等祭品来祭奠扁鹊。扁鹊若在天有灵，看到人们如此怀念他，也会被感动流泪的。我们现在活着的人，岂能不来祭奠扁鹊！

第四是感叹扁鹊能通过诊脉看到人五脏六腑的病因症结，却不能看透秦人害人之心。扁鹊能救治春秋列国之人，却不能救自己。看来世间多么优秀的人，也有做不了的事啊。

第五是关于人性的阐述。扁鹊虽然被害了，可人们并没忘记他，他的事迹传遍全世界，这是秦国害他的人无法阻挡的。

第六说明祭祀扁鹊，不是把扁鹊当神供奉，而是推崇他爱民救民的品德，作为一方地方官，要像扁鹊一样为了黎民百姓谋福。

第七点明了立碑人是内丘县知县石汉、儒学教谕丘思聪、训导贾梦龙。

此碑现存扁鹊庙内碑廊。

明隆庆四年祭文碑

明隆庆四年祭文碑

此碑立于明隆庆四年（1570）。

这是直隶顺德府同知李汝节于隆庆三年（1569）祭奠了扁鹊之后，第二年又陪同知府冯善，通判张著、归有光，推官郭有金等人再次祭奠扁鹊。祭文用四字一句的古诗格律描述了扁鹊的功绩，直隶顺德府一行人平时就很敬仰扁鹊，现在聚在一起，按照祭奠的章程，摆上牛、羊、猪、酒等祭品，希望扁鹊能赐福降康，庇民佑国。立碑人为内丘县知县石汉、教谕丘思聪、训导贾梦龙、典史杜淇。

此碑现立于扁鹊殿前西侧。

明顺德府知府祭文碑

此碑也是明代祭祀鹊王庙碑，碑文用四字一句的古诗格律描述了扁鹊使虢太子起死回生，指出齐桓公病入膏肓，医好赵简子使晋国之乱得以平定九件事。扁鹊的医术流传千年，功绩苍天可鉴。扁鹊的庙宇建在内丘的山川中，这里钟灵毓秀，是扁鹊的第二故乡，也是扁鹊文化的发祥地，更是扁鹊文化追根溯源的地方，扁鹊庙就是见证。每年都有许多人带着香箔、酒牲来深山扁鹊庙祭奠告慰扁鹊。此碑为明代顺德府知府顾绶撰文，内丘县知县苏惟肖立石。

此碑现存扁鹊庙内碑廊。

2005 年扁鹊祭祀大典祭文碑

此碑立于 2005 年 10 月。中共邢台市委、邢台市人民政府，中共内丘县委、内丘县人民政府，以传承历史文明，弘扬扁鹊精神为历史己任，以打造扁鹊品牌、振兴地方经济为发展要务，治理鹊山环境，修葺扁鹊庙宇，倾力举办首届中国内丘扁鹊文化节而立碑。

碑文中记载的主要内容有：

一是医祖扁鹊本名秦越人，生于春秋战国时期，祖籍任丘鄚州。师从长桑君学医，一生行医，悬壶济世，世人赞叹他的医术神奇，以古传神医"扁鹊"之名敬赠。

二是内丘为扁鹊的行医故里，蓬山是扁鹊的受赐之地。

三是扁鹊遭妒吏妒忌在秦国被害，蓬山百姓赴秦盗回扁鹊之首，厚礼葬于蓬山脚下。为了颂扬扁鹊的恩德，蓬山改名"鹊山"，位于蓬山脚下的焦子村、郎（狼）家庄合为一村改名"神头村"，并建庙立祠。

四是扁鹊倡导医学，抵制巫术；首创"望闻问切"四诊疗法；发明针灸，始行麻醉术；制定医学上的"六不治"；编撰《难经》等医著。扁鹊医术精湛，通过"四诊"疗法，就能看准五脏六腑的病因；外科手术能作刳肠和心脏移植。

五是为了传扬扁鹊优秀文化，传承中华医学优秀历史，举行扁鹊文化节。

此碑现立于扁鹊殿前东侧。

2015年第三届冀港澳台中华传统医药文化发展大会祭拜医祖扁鹊典礼祭文碑

各种有关扁鹊的国字号荣誉落户内丘，极大地提高了内丘的知名度、美誉度，也吸引了国内外研究扁鹊文化、医药文化的名人志士前来祭拜寻根。

2015年9月22日，第三届冀港澳台中华传统医药文化发展大会全体代表，来内丘扁鹊庙祭拜医祖扁鹊，并立碑。

碑文通篇53句，共212字，以四字一句古诗格律形式记载了祭祀医祖扁鹊的时间地点；扁鹊的籍贯和生平事迹；司马迁在《史记》中为扁鹊立传；当今两岸传承扁鹊医药文化的信心和目标等事项。

此碑现立于扁鹊殿前东侧。

四 扁鹊祭祀活动

扁鹊祭祀活动以扁鹊庙会为载体，分官方祭祀和民间祭祀两种形式。官方祭祀除历代碑刻记载外，新中国成立后，已于2005年和2010年举办了两届扁鹊文化节及扁鹊祭祀大典仪式。民间祭祀，据记载自有扁鹊庙后年年活动不断，特别是近几年规模越来越大。

2005年首届中国·内丘扁鹊文化节

2005年首届中国·内丘扁鹊祭祀大典

1　扁鹊祭祀活动有关村庄

除了神头村，与扁鹊祭祀传说故事有关的村庄还有柳林、老树围、下马庄、擞沟、东营、西营、报子口、南白芷、田白芷、崔白芷、刘白芷、闫白芷、李白芷、大鹅石、天井等村。

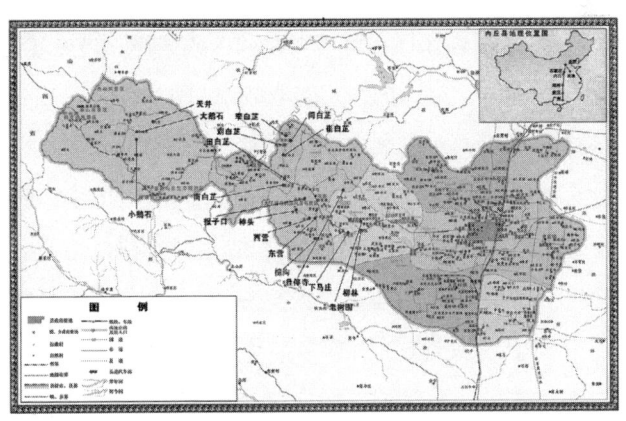

内丘县与扁鹊祭祀传说故事有关的村庄分布图

2　扁鹊庙会

神头村的历史文化也就是扁鹊文化。庙是村的一部分，或者村是庙的一部分。反正村民都知道，2000年前，这个村，包括村外的地，都是扁鹊的俸禄地。村被扁鹊文化所包围，村中到处充满扁鹊文化气氛。而村民对扁鹊的最主要怀念形式，是每年一度的神头庙会。

神头庙会，也称鹊山庙会、扁鹊庙会，不管叫什么，反正都是以纪念扁鹊为中心，以庙和村为基地的民间集体活动。最初以祭祀朝拜为主，现已形成集祭祀礼拜、饮食服务、文化娱乐、物资交流和集市贸易为一体的综合性、群众性的文化活动。

庙会始于何时，已难确证，一般说来，是在建庙之后，也可以说，有了庙，就有了庙会。在历史上，此处的庙会活动非常旺盛，名气很大。历来有"一府九县"之说，其实远不止于此，除顺德府（今邢台）之外，真定（今正定）、广平等地的香客也纷至沓来。此庙会在晋冀鲁豫一带，名望极高。历史上，庙会上的香客多，香火钱相当可观。据有关记载，历史上，一次皇帝，一次府官，曾明确指示内丘县令不要把庙内的香火钱上交，应当贮存起来，首先用于寺庙修葺。元代颜天翼告老还乡，回内丘修庙，帝王说，香火收入，先供你全家生活，有剩余，再修庙。扁鹊庙的修葺活动都是官府安排主持的，但费用不用官府出，可见庙里香火之盛。

神头庙会不仅规模大，香客多，而且全年的庙会次数也多。在古代，扁鹊庙会一年两次，最大的为三月初一，会期半个多月，甚至有长达一个月的。以前是初一至十五日，近年来提前了，从二月中旬就开始，到三月初二才结束，有时二月初就有人来了。下半年十月初一会较小，会期一般3～5天。

为什么选中三月初一和十月初一？看来这和道教的传统节日关联不大，完全是民间的约定俗成。历来，每月初一、十五，扁鹊庙都有祭祀活动，而三月初一正值清明寒食节前后，十月初一正值民间十月一寒衣节，是两个上坟祭祀的日子。据民间传说，扁鹊三月初一被害，十月初一其头颅葬于鹊山脚下，这两个庙会是为了祭祀扁鹊而立。总之，这是民俗活动，而不是宗教活动。

此外，因为此处庙大殿多，古时还有多个庙会，如正月初九的玉皇生日，二月初二的姑姑庙会，二月初十的山神、土地庙会，二月十九的老母庙会，三月十八的后土奶奶生日，四月初一的四家岭茶棚会，四月初四的九里岗茶棚会，六月初一的太子岩庙会，六月十三的龙王庙会，等等。这些活动规模较小，时间也很短，一般只有一天，近年来已大多停止。

扁鹊庙会民俗活动很多，包括祈求福祉、祛病消灾、健康长寿、求职求学求姻缘求子嗣等。其中求子嗣仪式较为特殊，包括用红绳缠香栓娃娃，用红纸包上红绳、香头回家压在求子生育妇女的床铺下，待妇女生产后开始还娃娃，即在孩子12岁之前每年还一个布娃娃或一个柏花絮，等孩子13岁时，孩子本人丈八红布十字披红，头戴礼帽，

扁鹊庙会民俗活动——还娃娃圆锁

鬓插翎花到庙上祭拜，还愿为圆锁，表示孩子已成人。

扁鹊庙会历代经久不衰，直至1937年，日本侵略军占领内丘后，在通往扁鹊庙的交通要道红门以及神头村建起炮楼，阻碍了交通。加之战乱，民不聊生，人们的生命安全无保障，致使庙会一度萧条。

1945年内丘解放，虽恢复了庙会，但由于种种原因，庙会没有真正兴盛起来。

1982年，扁鹊庙被公布为河北省重点文物保护单位后，尚存建筑得到了妥善保护，庙会规模也随之逐渐恢复。

1994年以后，祭祀、朝拜医圣的场所日臻完善，庙会的规模空前扩大，甚至超过历史上任何时期。根据近年统计资料，其范围已扩展到北京、山西、山东、河南等邻近省、市，赶会人数达几十万人次。

近期庙会，以2004年三月初一为例，正会期15天，赶会人数一天多达几万人次，停放汽车400多辆，摩托车3000多辆，固定摊位3000多个。整个庙会期间，赶会人数达60万人次。2014年正会期达25天，参加庙会人员近百万人次，单赶会人数比10年前就增加40万人次。

3 扁鹊庙会茶棚

茶棚,是扁鹊庙会的重要内容,也是神头村的重要历史文化遗产之一,特色非常突出。

所谓茶棚,就是庙会活动期间,香客们临时吃、喝、住宿的小客店,香客们进来席地而坐,歇歇脚,不光是喝茶、喝水,还要安排食宿问题。

喝茶,原本是庙会活动的服务项目,用量大了,时间长了,于是出现了茶棚。产生茶棚的条件应当是庙会时间较长,规模较大,香客较多,扁鹊庙会这些条件均具备。历史久了,一般的卖水喝茶变成了特有的茶棚文化。

民居茶棚

扁鹊庙会的茶棚,不仅村中有,庙中有,山上有,庙外有,而且来内丘的路上都有。茶棚内还有许多祭祀活动。

当时交通不便,从平原来到山区,不论是坐车、骑马、步行,都是很辛苦劳累的,喝水是第一需要。于是,在曲周、广平、巨

茶棚内各种剪纸祭祀品

鹿、隆尧等县境内都有扁鹊庙会茶棚。如：隆尧县泽畔村明万历年间《施茶记碑》碑文记载泽畔村为山东到蓬山要道，每年到扁鹊庙会时，村中设巨釜煮茶供香客饮歇，状况不衰。因为周围香客很多，三里二里就有茶棚。传说"柳林"村名的来历，就是因在此处用柳木搭棚设茶棚，日久天长插柳木成林而得名的。内丘县境内沿途现存的20多座古石桥，据修桥碑文记载，皆是各茶棚香客为赶扁鹊祭祀庙会而捐资修建的。

  扁鹊庙会茶棚由于历史悠久，明显带有地域会馆性质，一般是以一村或相邻的几村组成一棚，以发起人居住村，或主要村庄的名字为茶棚名称，如任县岭南茶棚、张屯茶棚等；有的还以县名作为茶棚名，如鸡泽、曲周、平乡这一路的称平乡茶棚。这样的茶棚，只接待区域内的香客，一般由香客捐资兴建，作为一村或数村的公产。这就更像一方会馆了。

过去各地的庙会,一般都设茶棚和粥棚,特别是山区交通不便和偏僻处。但像神头村那样,把茶棚和民居结合起来而且固定化,确实不多。神头村地处东西走向的山沟两侧,择地而建茶棚比较困难,茶棚结合民居这种营作方式,很具地方特色。

某地域香客,出资购炊具、茶具和苇席等,存放于一农户家。会期一到,茶棚开张接待,为此,这家农户让出空房,并协助烧水做饭,接待客人。庙会结束时结账,剩下的食物,一律留给农家以作补偿,因为这户人家在庙会的所作所为,均是无偿的、义务的,这就是神头村民可贵的精神。

这种香客和农户的茶棚关系,基本上是固定不变的,一般情况下

红门茶棚

茶棚外祭祀活动——扫山

也是世代相传的。例如平乡、鸡泽、曲周三县茶棚在村民侯会生家，侯父在前几年去世前就吩咐其子：这三县茶棚在咱家已许多辈了，传到你们这一代，也必须这样。

据粗略统计，现村中有类似茶棚关系的村民有100多户，沿街的住户一般都是"茶棚定点户"。村民都在自己院里挖井，就是为庙会茶棚用水做饭准备的。

历史上最为著名的居落性茶棚有红门茶棚、九里岗茶棚、四架岭茶棚、姑姑楼茶棚、奶奶殿西茶棚等。如红门茶棚，有楼房3间，平房数间，依山排列，甚是气派。

茶棚的结构比较简单，但很规范，每个茶棚在正位都供奉自己信仰的神灵，有盖庙泥塑的姑姑像、有布作的九层天地案像、有纸印的全神码等。每个茶棚的掌棚人带着他们供奉的神灵及弟子都是来拜谒扁鹊的。如任县吉家庄茶棚掌棚人林聚良所带弟子近万人，小的茶棚也有几百人。棚内人人平等，不分贫富，男女分住。一般设掌棚一人，账房、库管各一人。香客每人一天一升米（现多为人民币），油盐自愿奉献，多少不拘。规模大的茶棚还设若干小棚，由棚头管理。

  茶棚一般是临时性占用民居开设，但也有长住的居落性茶棚。某外地人、香客或商人，个人或集伙，购地盖房建立茶棚，正房正位供神像，所有权归建者所有。庙会期间，归建设者使用。回生桥西红门茶棚就属此类。任县人在神头村东建造的四架岭茶棚规模较大，两套院落，居室、仓库、伙房齐全。也有的在当地买地租给当地农民建棚，租金用于茶棚开支。也有买山坡荒地，以种树收入维持开支的。

  各茶棚内都有一些不成文的规定，留宿人员均能自觉遵守。

4　扁鹊祭祀仪式

庙会的主要活动是祭祀活动，历史上从帝王到百姓，都来祭拜。祭祀活动是严格按规定进行的，因扁鹊在后周以前就称"王"，宋仁宗正式赐封神应王，所以是按王侯规格进行祭拜活动的。

在庙会期间，还要举行"斋醮"活动。斋醮，是道教的规范宗教仪式，又称做道场。斋醮的天数和人数，视道场的规模、规格而定。时间一般为3天，法师一般3至5人，道众4至6人，吹打伴奏人数不限。主醮的法师，由德高望重的"高功"担任。上首法师称"都讲"，主持坛内经卷事；下首法师称"监斋"，主持仪式行进；道众称"表白"。斋醮必须严格按复杂的程序进行，所上的水、果、香、花、灯、茶、食、宝、符、衣，称"十供奉"，也是按道教教义安排的。

历史上扁鹊庙会的斋醮仪式非常隆重、严格、规范，但近年来已不常见到。

跑功是祭祀活动的重要组成部分。跑功，也叫表功，是扁鹊庙会里祭祀的一种特色活动。所谓功，就是为神立功，为己求功，香客在祭祀、许愿、还愿时，一边口中念念有词，一边又跳又跑，尽力表示

三高功做"三元朝科"科仪

自己的虔诚。

　　跑功的过程也是很规范的，一个功下有数个环节。在神前的一番表演为"表功"，也叫"挂号"；表功之后，起身拂尘，然后众香客排列成队走几圈，要为神灵跳舞助兴，为"跑功"；边走边唱为"说功"；边跑边跳为"摧功"；边说边哭为"罚功"；边解边劝为"劝功"；解劝完后，众人全部打扇鼓走圈为"圆功"，也叫"圆场"。表演跑功时，或双人，或多人，手持扇鼓，打出节奏，舞步简单，常以十字步、叠脚跟为多，边舞边唱。唱词内容也简单，不外乎表白、论理、争辩，或说经典故事等。跑功时间不受限制，一般视香客的体能和情绪而定。有一些香客越舞越劲，如痴如狂，甚至进入忘我境界。

他们说，这是神催的，不由自主。有的香客甚至癫狂之极，突然倒地，不省人事，这叫"罚功"，这时常有香客头目上去劝慰，这就成了"劝功"，也称"开锁解圣"。此外还有"许愿功""还愿功"和"跪功"等。香客们制作祭祀品为"作功"；将祭祀品摆在庙前展示为"成功"，也称"验功"；将祭祀品焚烧为"交功"。

扁鹊庙的烧香活动也颇具特色。进香者一般有零散香客和某社团、香会组织的香客两种。零散香客进香比较简单，不用举行仪式，只是跪拜、烧香、献供，以上随心布施表示虔诚之心即告结束。有组织的香客先烧香，跪拜神灵，再由香头表诵。他们表诵的韵律一般比较简单、通俗，带有民间文学和神话传说的性质。部分香会表诵时由香头带领，香客齐声唱诵。表诵完毕再行献供、布施"香火钱"，最后在庙前举行文娱活动，称之为"陪功"，仪式才告结束。

千百年来，人们通过赶庙会来祭祀扁鹊，并祈求实现祛病消灾、五谷丰登、利禄功名、福禄寿喜、人畜平安的美好愿望。扁鹊祭祀造就了博大精深的扁鹊文化，人们在赞美和讴歌扁鹊高超医术和高尚医德的同时，已把扁鹊作为精神支柱来崇拜和敬仰，逐渐形成了一种独特的民间信仰和民俗文化。

扁鹊祭祀有很高的学术价值，如此大的祭祀扁鹊庙会活动，在我国还为数不多，整个庙会就是我国民俗的百科全书，其完整的祭祀体系，是一座巨大而珍贵的无形资产。

扁鹊祭祀有很高的实用价值，辐射范围不断扩大，在各地的知名度也越来越高。通过祭祀扁鹊，大力弘扬扁鹊文化，发扬其高超的医术、高尚的医德，对进一步提高人们的素质，促进人们的精神文明，构建和谐社会，都将产生重要的促进作用。

五 扁鹊祭祀庙会期间民间乡艺

在中国的庙会传统中，除了烧香拜神、祭祀活动和物资交流活动，均伴有规模可观的乡艺文娱活动，不仅娱神，更重要的是香客、村民自乐。扁鹊庙会更不例外，而且具有规模宏大、场面热闹、内涵精深、形式丰富、程式规范、组织有序等特点。

历史上扁鹊庙会的乡艺表演，堪称规模宏大，丰富多彩。这些活动有的是当地邻近的村庄组织的，有的是从外地香会带来的。表演的节目具有鲜明的北方地方色彩，如推太平车、划旱船、踩竹马、拉碌碡、扭秧歌、打扇鼓、杂耍，等等。任何一片空地都可以是舞台，各庙前的院子也是舞台。一些较好的位置专门搭了戏台，你上我下，一天不断，庙会几天，表演几天。

正会那一天，由专人负责组织，把众多的节目班子集中编队，前面配上三眼枪、彩旗、花伞、锣鼓、骡马方队，以游行方式进行表演，场面恢弘，振奋人心。这种形式，在庙上称"行会"。

庙会期间，地方上还请专业或业余戏班演出。演出之前，戏班还得先到各殿祀神膜拜，然后才能登上戏台。

庙会上还有一种名为"夸官"的活动，备上一匹马，前面一个人牵着，马侧边跟一个人。在马背上放一个神祇的牌位，让马侧边的人扶着，就这样招摇过街，目的就是为了尊敬这位神，宣扬这位神，壮壮这位神的威名和灵性。

在扁鹊庙会上，有几个村的乡艺节目最具内丘地方特色，最引人注目。

1　排鼓

内丘庆源排鼓是流行于内丘县官庄镇庆源村一带的一种民间文艺活动，以庆源村最为典型。它起源于宋，盛于明清，相传是因穆桂英破洪州，军民同庆，用战鼓庆祝，由此演变而来。

扁鹊祭祀庙会期间内丘县庆源村排鼓在回生桥上表演

庆源排鼓的乐器全部为打击乐，分为大鼓、小鼓、大钹和马锣。历经几代人改进和创新，如今形成了5套完整的鼓点套路：老鸹磕牙、扎一扎、单磕牙、点鼓、双磕牙。

表演队伍雄壮整齐，头扎太平巾，身着勇士服，现场鼓声节奏铿锵，槌槌有力，声声传神。时而节奏轻似流云，重如排山倒海；时而声声似牛嚎，引力却千钧；时而落地有声，顿促有力，散而不乱，顿而不断，似万马奔腾；时而紧促有序，繁而有节。整个动作快而不乱，挺拔幽默，妙趣横生，高潮迭起。

庆源排鼓喜庆热烈、场面宏大、节奏明快、形式多变，是一种充满激情、老百姓喜闻乐见的民间娱乐活动，具有浓郁的地方特色。表现形式丰富多彩，有兴村鼓、睦邻鼓、庆典鼓，具有促进和谐和鼓舞人心的社会功能。

2009年内丘庆源排鼓入选第三批河北省非物质文化遗产名录。

2 扇鼓

扇鼓,内丘民间称之"打扇鼓",多在庙会敬神和祠堂祭祖时表演。据《燕赵文艺史话》记载,扇鼓源于巫术,经数千年流传演变,成为河北节日里自娱自乐的民间舞蹈。

《河北省舞蹈志》记载:"《扇鼓腔》流传于内丘北部中张村。因表演时边舞边击鼓边歌唱而得名。其源于何时,无史料可考。据老艺人李志春(1920～1995)讲,扇鼓源于明朝万历年间。因无史料可证,只有凭借艺人传说,可以看出其在中张村早已盛行。"

扇鼓舞以扇鼓和鼓键为道具。伴奏乐器有铙、镲、大锣、鼓。扇鼓表演分边走边舞和在固定场地演出两种形式。演出时,加入了唱腔和唱词。剧目题材广泛,有历史戏、爱情戏、社会戏和神话戏;音调委婉悠长,表情蜜意缠绵,唱词通俗易懂;舞姿优美,表演套路很多,有二龙戏珠、葫芦串蔓、麻姑献寿、狮子滚绣球等。演员在表演时,分别化妆为生、旦、丑等角色。其中生的"拉钻"动作,小旦的"摇摆步",个性极其鲜明,既有生活的真实性,又有舞蹈化的美感。

扇鼓舞灵活随便,腔调悠扬婉转,已成为独树一帜的传统扇鼓舞艺术，有很大的历史研究价值，被载入《河北省舞蹈志》。

2009年，内丘扇鼓入选第三批河北省非物质文化遗产名录。

扁鹊祭祀庙会期间内丘张村扇鼓在扁鹊祠前表演

3　跳世平

内丘县跳世平是流传在西张村一带的一种特殊民俗，有近500年的历史。它和明代皇家祭祀有着密切的联系，有丰富的孝悌文化内涵，表现的是淳朴的民风民俗。

跳世平只用一面小云锣控制节拍，演员都是男性，分别化妆为生、旦、净、末、丑等角色。表演形式为载歌载舞，边舞边唱，表演动作优美大方，腔调婉转动听。唱词中偶有方言或道白，表现出浓郁的地方特点。其中旦角为了展示女人三寸金莲的小脚，需在腿上绑上木制小脚，像踩着高跷一样来表演，举手投足窈窕妩媚。

剧目主要有《锯缸》《上庙》《小汗巾》《山坡杨》《瞧病》《十二月》《两头忙》《祝英台打五更》《樊梨花打五更》等。各剧目唱腔、动作变化众多，内容多以寄托美满生活，祈求五谷丰登，追求爱情幸福等为主。

内丘县跳世平有着独特的历史文化价值，为再现历史原貌提供了重要的信息和参考价值。像《两头忙》是著名民歌《茉莉花》的原版，一直传唱了500多年，堪称研究这一著名民歌的活化石，有着极高的文化研究价值。

2013年，内丘县跳世平入选第五批河北省非物质文化遗产名录。

扁鹊祭祀庙会期间内丘西张村跳世平在戏楼上表演剧目《十二个月》

4　梅花老架

西庞梅花老架,是因在梅花状的置地木桩演练转成落地演练而得名。梅花老架动作朴实大方、威武雄壮,既适于表演观赏,又有强身健体、搏击制敌的功能。

梅花老架自清咸丰年间兴起,盛于光绪年间。光绪二年(1876)西庞梅花老架传人郑老万在山西和顺一带授技兴武,开办武馆,以高超武艺荡平当地匪患,百姓为表谢意,联名送"扬名盛德"大金匾一块,至今保存在西庞村武馆。现今,西庞梅花老架已有六代传人,弟子遍布河北、河南、山西、山东、南京等省市。

西庞梅花老架拳路多样,变化无穷,内容丰富,在技击、擒拿等方面独具一格。目、手、身、法、步等各个环节相融通,同阴阳八卦五行相涵连,行拳之中,犹如梅开五瓣,综错有致,形如流水,花样重叠,更兼之具有大势、小势、顺势、逆势,不断循环往复,相生相克,形成"四两拨千斤""手变拳、拳变手""请进来、送出去""将计就计、变化多端"等招式技法,形成门派鲜明独到的技击特点。民间尚有西庞梅花拳"锤打南北二京,脚踢黄河两岸,京安路上无敌手"的赞誉。

西庞梅花老架拳有大开大合、随机应变、变化无穷、拆天补地的特点。该拳秉承"爱国爱家、义忠为先"的武德训诫，同我中华传统美德相融通。

2010年，内丘西庞梅花老架入选第二批河北省内丘县非物质文化遗产名录。

内丘西庞梅花老架在扁鹊文化节上表演

5　抬杠箱

在神头村东南不远处,有一个村庄,叫后河庄村,村里自古有一项传统的乡艺,叫抬杠箱。每逢扁鹊庙会,这项乡艺,是不会放过亮相机会的。

抬杠箱,四个壮丁抬两根长杠,长杠上安有一个木箱,四人脚踩锣鼓点,连走带扭,这就叫"抬杠箱"。

箱子长3尺3,宽2尺1,高2尺3,两侧和两头分格彩绘。两侧各分四格,共八格,画上八仙。两头也各分四格,共八格,画上竹、菊、荷、兰和石榴、蟠桃、柑橘、佛手,即四花四果。四周用彩色丝条穿上缝衣针,围三圈,成串地挂起来,一摇动就闪闪发光。箱的四角立一柱子,上挂红绸。

箱子里放什么?用黄绸分别包上线香和红枣、花生、谷子、麦粒、豆子等各种杂粮,祈求神灵保佑,五谷丰登。

抬杠箱的四个人踩着锣鼓点边走边扭。在长街上,四人齐步走,威风凛凛。每到一宽敞处,便开始转场子,什么"前行后倒""前蹲后仰""十字插花"等套路,都会在观众的欢叫声中得以展现。

到了扁鹊庙前,要进山门时,队伍必须跳过去,因此抬杠的要身强力壮,有力气。届时四人在锣鼓声中,在山门一角站好,一声令下,四人一齐箭步往前跳,这动作叫"窜杠"。一窜杠就是一丈远,但不是一次,而是来回跳四次,人们齐声喝彩叫好。

进了扁鹊庙,一边抬,一边扭,必须在奶奶殿前好好表演一番,因为能不能五谷丰登,管土地的后土奶奶说了算。还得到神应王殿前表演,祈求扁鹊保佑众民一生平安,祛病免灾。

这两殿前后有一个小广场,就是为他们的表演设置的。

表演后,杠箱还得抬回后河村,有专人保管,此人称"小头"。

抗日战争开始后,扛箱就不抬了。据传,最后一只杠箱,毁于1968年。如今,随着内丘县政府对地方文化的重视,抬扛箱传统乡艺已恢复。

6　回回

回回，是流传在内丘县西部浅山区的一种民间歌舞。相传清朝中期，有一位编席的南方人流落到鹊山张公塔村，为了报答张公塔村人的收留之恩，在闲暇时刻，把"回回"这种民间乡艺传授给了村里人。

回回流传迄今已有近300年的历史，历经多代沿传，形成自己独特的民间艺术风格。每逢过年过节，村里有大庆典活动，都要用此节目表示欢庆，有唱有舞，非常热闹，常常活动在村头巷尾，还要串村表演。

最隆重的活动是在神头村三月初一的扁鹊庙会上，扁鹊庙会是为了纪念华夏医祖扁鹊的庙会。据老年人说，邻近各省、府、县的人都云集而至，人多的地方井水都被汲干，所以神头村家家都打一眼井。俗有"鸡叫三遍不开庙殿门，就会有人被挤死"之说。而此庙会正是这一带村民向庙会献艺的时刻，村村都需要向庙会献戏、献艺，表示村民对神医的崇拜、信仰，进行祭祀、祈禳活动，也有祈求五谷丰登、人畜安康，向神灵还愿之意。"回回"成为张公塔村向扁鹊庙会献艺的专项节目，也就是本地人所说的"各村献各村的玩意儿"。

平时，因本地十年九旱，水利条件差，回回这个民间舞蹈艺术，又成为求雨拜神的代表节目。

回回系民间乡艺，内容多以表现男女爱情和平民生活为主。主要曲调有"井台会""张清秀赶考"等。它的表演形式为广场艺术，走街串巷。演出队由40名演员组成，其中花旦2人，老丑1人，丑旦1人，打钱鼓的2人，打钱杆的2人，打简板的2人，吹羊角号的8人，打竹板的12人，打伞的2人，打银锣的2人，打钗的1人，打铍的1人，打鼓的1人，敲二钗的1人，打大锣的1人，敲小锣的1人。

演出时，全体演员由打钱鼓人领头，分别走"十二个角""葫芦串蔓""双套环""八角琉璃井""穿心一道杠"等图案。走完后，落成单环形。紧接着是两名花旦的双人舞，往后是两名打钱杆人和两名花旦的嬉戏舞蹈，最后是老丑、丑旦的双人舞蹈。整个舞蹈抒情、铿锵、滑稽、诙谐，具有典型的内丘浅山区的特色。舞蹈后，由老丑在台中点戏，并口念顺口溜："闲来无事上北坡，碰见个兔子掏窝窝，问你兔子干啥去，地主门上把酒喝。"然后老丑点到哪个戏，哪个戏的有关演员再到当中去表演。演唱时，每个节目都有每个节目的动作和内容，步法、动作、扮相、道具各异，具有鲜明的个性特征和深厚的感情色彩。

花旦的扮相是旦角打扮，手拿扇子。动作是手持彩扇，右托按掌，左前点步，两人在对称的位置上脸面相对，出场亮相。然后上身左倾，在流水般的圆场中，顺时针而走，突然转身一百八十度，左踏步半蹲，忽而起身，上身右倾，走圆场步，逆时针而行。接着又续上两名舞钱杆的男扮相，穿马褂长袍，头戴亮帽。于是男女各二人分成两个单形环，女围男转，急步如风，两名男演员却左手舞杆，右手击杆上的铜钱，迈着稳健的十字步，前后移动。舞蹈的节奏快慢分明，活泼灵活。

又如老丑、丑旦的双人舞，也有特色。丑旦在回回的扮相中叫"丑老婆"，把个大葫芦画成小孩模样抱在怀里做道具。扮相是：用牛角做成簪戴在头上，脸上一边画个大蝎子，耳朵上挂上一对红红的尖辣椒，脚上穿上大花绣鞋。老丑在回回中被称为"丑老头"，身穿长袍，手拿棍子。二人的双人舞是：他们双臂前后摆动，走着匀速而发哏的正步，忽而碰面于台中央，窃窃私语，忽而各自后退，招手对喊，翻来覆去，诙谐而滑稽。

回回是扁鹊庙会上固定的乡艺节目，深受当地人喜爱。尤其是那洒脱的钱杆舞，演员身穿武生服装，迈着轻盈优美的十字步，左手舞杆，右手击铜钱，一会儿前进，一会儿后退，一会儿弓箭步亮相，左手持钱杆前伸横握。再加上两个花旦流水般的舞步，时而正转半圆形抖扇踏步半蹲，时而正圆形抖扇踏步半蹲。还有丑老头、丑老婆的滑稽表演，三组演员交替舞动，甚为红火。

回回歌舞主要以打击乐为主，没有伴奏乐器。主要的传统乐器和特点是：

银锣　又名钻子，属领头乐器。

钱鼓　仿曲艺上常用的六锣鼓。

钱杆　1米长杆上串有铜钱，一般在唱时用，手来回拨动铜钱。

简板　曲艺上常用的一种简板。

竹板　曲艺上常用的一种竹板。长6寸左右，宽1.5寸左右。

羊角　把羊角中间挖空，尖部去掉，用作吹奏表演。羊角的吹法很独特。

回回的服装和道具也有特色，扮相多以古装为主，道具中的伞为民间舞蹈中的官伞。

1937年，内丘抗日战争爆发，乡艺"回回"停止表演，1983年河北省舞蹈协会来内丘对乡艺"回回"表演形式进行文字整理。回回流传到 20 世纪 80 年代末，村里只有表演艺人王春保、王腊月、王怀、程文祥四人。这几位老艺人相继离开人世，1984 年最后一位表演艺人亡故，乡艺"回回"未能再次表演。回回这种民间歌舞几乎失传。但这一民间乡艺，从扮相到服装、道具、打击乐器、舞步、表演、唱词等都形成了自己独有的特点，很有挖掘价值。

7 其他乡艺

随着时代变迁，来扁鹊庙会表演乡艺也增加了新的内容，如隆尧县的十二个月担子经，邢台县前屯村的扇子舞，任县骆马牧村扭秧歌，内丘县前鲁亭村洋鼓队，南和县东薛屯村现代舞表演。

扁鹊祭祀庙会期间隆尧县香客在扁鹊墓前表演十二个月担子经

六 扁鹊传说故事

1　神头村

内丘城西 60 里，有个神头村。村当中有条河，叫九龙河。据说，老辈子的时候，这村不叫神头村，河北岸的叫焦子村，河南岸的叫郎（狼）家庄。自从把一个神医的头埋在这里，两个村才合为一村，起名叫神头村。这是怎么回事呢？

相传，春秋战国时期，渤海鄚州出了个有名的医生，叫秦越人，因他医术高明，人们都喊他皇医官的名字——扁鹊。

扁鹊周游四方，给人治病。有一天，路过赵国的地方，正好遇见赵国的赵简子得了一种怪病，他一连五天，不省人事，满朝文武，人心惶惶。这时一个大臣听说名医扁鹊来到这里行医，于是就派人去请扁鹊。

扁鹊来到赵简子的床前，坐在赵简子的身边，用心号了号赵简子的脉，仔细看了看他脸上的颜色，又弯下身子听了听赵简子的呼吸，随后，从容不迫地说："大伙儿不必吃惊，他得的这种病，是一种血脉病。古时候，有个皇帝就得过这种病，一连七天七夜，啥也不知道。后来苏醒过来，对人说了许多古怪的话。现在他得的也是这病。你们不要害怕，也不要让他乱吃药，过不了三天，他自己就会好的！"

真的，等了两天多的时间，赵简子自己慢慢醒过来了，他看见周遭侍候他的人，就神气地说："刚才我到玉皇大帝那里去了一趟，在天宫和各种神仙府逛游了一番，又是跳舞，又是唱歌，可痛快了……"大臣们一见他这情景，和扁鹊说得一模一样，就安下心来，对扁鹊也更加佩服。赵简子病好以后，为了报答扁鹊的恩情，就把中丘蓬山一带的四万亩土地，赐给扁鹊。从此以后，扁鹊就在这里居住下来，种庄稼，采药材，给人治病。

神头村古民居

有一次，扁鹊从虢国的宫门前边路过，看见一大堆人正在埋人。扁鹊说："这个国真怪，我走过多少地方，只见过埋死人的，今天怎么埋活人呢？"扁鹊的话，让一个总管丧事的大官听见了，于是，就对扁鹊没好气地说："你是什么人？太子死了人们心里都很难受，你却说起风凉话来？"扁鹊一听埋的是虢太子，赶忙赔礼说："我不知道，我不对。不过，虢太子确实没有死。你要不相信，就把棺材盖打开，好好听听，太子的耳朵还有响声；你们再好好看看，太子的鼻子眼还大张着。假设你们还不相信的话，你们再摸一下太子的大腿根，一定还发热呢！"管事的大官把扁鹊的话告诉虢君，虢君大吃一惊，让人马上把棺材盖打开，看看太子的鼻孔，听听太子的耳朵，摸摸太子的大腿根，真的和扁鹊说得一模一样。于是就问扁鹊："你怎么说得这么准，到底是怎么一回事呢？"扁鹊说："太子得的这病，叫'假死病'，跟死了一样。好的医生，能治好这病，不好的医生，乱治一气就毁啦！"

扁鹊的一番话，把在场的人说得心服口服。于是，虢君赶忙让扁鹊去给太子看病。

扁鹊看过太子的神色，号了号太子的脉，随后就让弟子给太子扎针，不大一会儿，太子便苏醒过来。接着，扁鹊又开了药方，让太子慢慢调治。没过半月，太子的病完全好了。从此，这事儿一传十，十传百，人们都说扁鹊能把死人救活，称扁鹊为"神医"。

扁鹊给太子把病治好以后，太子感到在朝内没啥意思，等虢君同意以后，就和扁鹊在蓬山采药，下村给人治病。有一天走到半路，太子突然感到肚子疼得要命。扁鹊马上给他看了一下，说他得的是"绞肠痧"。于是，就让太子躺在一块石头上，给太子开肠破肚，用山沟里的水，洗净肠子里的脏物。结果，治好了太子的"绞肠痧"。至今，人们还把扁鹊给太子开刀的地方，叫作"洗肠沟""捞肠沟"。

扁鹊走的地方越来越多，治好的病人越来越多，名声也越来越大，就连离得很远的秦国也知道他了。这可把秦国的一个医官气坏了。

这个医官，据说挺骄傲自大，老陷害有本事的人。如今，他听本国的老百姓都在说扁鹊治病如神，名声把他盖住了，心里很不是滋味。

这年夏天，扁鹊领着两个徒弟，到秦国的都城咸阳行医治病。秦国那个医官一看时机来到，就暗地里收买了两个坏小子，一个是满身横肉的铜牙蝼蛄，一个是一身尖骨的七寸蝎子，要他俩千方百计把扁鹊杀死。

七寸蝎子和铜牙蝼蛄，接受了密令，第二天，就打着请医的旗号，来到扁鹊门前。

七寸蝎子说："扁鹊师父在家吗？"

扁鹊的徒弟听见有人来，赶忙走出门去。

七寸蝎子说："俺爹、俺娘，都七十多岁了，昨夜个儿晚上突然得病，听说师父看病挺准，所以，专一来请您。"

"什么村的？"

"城南三里湾。"

扁鹊光想着给人治病，哪想会有人借请医的机会暗害他呢！就和他的徒弟说："快，治病要紧。咱俩赶快去！"

徒弟说："师父，你已经两天两夜没合眼了，还是让我自己去吧！"

扁鹊说："两个病人，还是咱俩去好！"

于是，扁鹊领着弟子，跟着七寸蝎子往城南走去。谁知，出了南

神头村古北皋

城门,刚刚走近一座小桥,事先藏在那里的铜牙蝼蛄猛地从桥洞里蹿了出来,"唰"的一下,从腰上拔下短剑,狠狠地刺向扁鹊的心窝……

神医扁鹊被暗害了。人们都很难过,特别是中丘蓬山一带,人人泪流满面,个个身穿孝衣,十分难受。为了表达对扁鹊的敬仰,大伙儿聚到一块,商议了一个办法,挑选了几个精明能干的人,爬山过河,冒着生命危险,赶到秦都咸阳,设法把神医扁鹊的头盗了回来,埋在蓬山脚下,九龙河旁,把蓬山改名为"鹊山";在鹊山东麓,还盖了庙,叫"扁鹊庙";又立了碑,记下扁鹊在世的时候给人们看病的好处。并把每年的三月初一,定为祭祀扁鹊的日子。每到这天,四面八方的人们,挎着篮子,提着酒肉,到这里祭祀扁鹊。从此,焦子村、郎家庄也就合成一个村,改名叫作"神头"了。

(讲述人:刘培山,男,56岁,内丘师范学校党支部书记,内丘神头村人。搜集整理:杨文志,1980年3月去世。)

2 九龙柏和凤柏

扁鹊去世,十弟子的归宿又如何呢?

我国北方旧俗,双亲殁后,子女要守孝三年。子阳、子仪、虢太子等众弟子,虽不是扁鹊的亲生儿女,但那种师徒之情,比父子、父女之情还要深啊!他们在蓬山人们的帮助下安葬了恩师后,就一边戴孝守坟,一边在蓬山行医。为了告慰师父的在天之灵,他们更加热情地接待四方患者。

有一次为了抢救一个生命垂危的病人,急需一种叫"五灵脂"的药。虢太子曾听师父生前说过,这种罕见稀有之药,只有高耸入云的龙腾山顶端的背阴处才有。可那险要之处,非常人敢攀。他听见垂危的病人呻吟不止,想到师父一生闻病而动,挽救了数以万计素不相识的人的生命,却很少想到自己,就毅然背起采药筐和小镐头,冒着危险爬上了龙腾山。他脚蹬悬崖,手攀绝壁古藤,终于在一处岩缝中找到了病人急需的五灵脂,但是,就在他兴奋回攀时,不小心踩脱了一块风化的岩石,掉进了龙腾山下的万丈深渊。

蓬山一带的人们听说虢太子为了抢救危重的病人掉下悬崖,十分悲痛。大家不忍说虢太子上龙腾山摔死了，于是就编了一个故事，说：虢太子敬师如亲，不畏生死从秦国盗回恩师的头颅，终日勤勤恳恳为人治病，不怕辛苦上山采药，感动了神明，使他变成了仙体，像龙一样飞来飞去，云游四海为天下更多的人治病。剩下子阳、子仪、子豹、子同、子明、子游、子越、子术、子容和佚妹十弟子，常常聚在一起商量为恩师修庙的事。十个人商量来商量去，决定用乡里百姓的馈赠和扁鹊生前留下的遗产做修庙的用资。他们把这个打算告诉了蓬山一带几位有威望的长者，长者们十分高兴。周围群众听说十弟子要给神医扁鹊塑金身、修庙宇，有的献砖瓦木头，有的捐钱粮，有的出力气，纷纷来到蓬山扁鹊弟子们居住的地方献计献策，就这样将一座祭奠恩师的庙宇建造了起来。

扁鹊庙位于扁鹊墓东侧，地处内丘城西20多公里处的崇山峻岭中，东临神头村，西望高耸入云的鹊山，北依瓮山和鹞山，南傍襄河。站在庙前，远眺扁鹊生前经常采药的鹊山，四周古林苍苍，鸟啼花艳，流水与奇峰历历在目，景色尤为美观。庙宇坐北面南，依山势而建，通过翻修一新的回生桥与襄水南岸相连。过桥，拾阶而上就是钟楼，亦称桥楼，内有800斤重的生铁铸钟，每逢祭日或有重要官员拜谒，钟响之声盘山绕岭，可传十几里。过了钟楼就是山门，塑有两尊威武雄壮的把门将军。在山门的西侧，矗立着历代皇帝封疆大吏批准修建扁鹊庙的碑文和记载扁鹊一生功绩的丰碑。山门后面是献殿，穿过献殿就是主殿，人称"鹊王殿"。它重檐飞翘，黄瓦砾墙，雕梁画栋，彩椽回廊。殿内正面端坐神医扁鹊的塑像，头戴冕旒冠，身穿皂黄滚龙袍，手扶银须，双目放光。宝座前双鹤献仙草，祭鼎内香烟缭绕；12个形态各异的站神分列左右。大殿周围绿树长青，鸟语花香。

这时，十弟子守孝三年已满。他们之中，多是有家业的人，蓬山山好人好，也不能久留不归，更何况那时病灾四起，无数患者都盼望着良医临门哩。十弟子商量了一下，选择了一个黄道吉日，到扁鹊坟头痛哭一场，又祭了恩师的神灵，就一步一回首地下山行医去了。

神头村和蓬山的人们，把他们送了一程又一程，恋恋不舍。众弟子们千叮咛万嘱咐，山民们答应一定保护好神医扁鹊的陵墓和庙宇，他们才拜辞后挥泪而别。

子容、子术回郑邑，子越、子游回河南老家一带，子明、子同去聊城、虞城，子豹去邯郸。子仪由于多年留住蓬山不愿远离，就赴山西行医，佚妹岁数最小，她多年和子阳在一起不忍分离，就一同到赵国邢台一带行医。师兄弟十人约定，不管走到哪里，一定立身于民，以救生为本，无论医务多忙，每年三月初一前都要赶回蓬山祭祀先师，交流医技。

十弟子也真不愧扁鹊教育出来的高徒。他们从不贪图富贵荣禄，始终勤勤恳恳，兢兢业业游医四方，解救危难的病人，传播扁鹊的医技和动人的事迹。其中子仪成就最大，他在繁忙的医疗实践中，搜集总结了无数民间医生的经验著成《子仪本草经》，传留于世。

每当春光明媚的三月来临，他们就从行医之地赶回蓬山，为恩师扁鹊上坟祭灵。那时风俗，女人是不能和男人站在一起行礼的。所以每次祭扫扁鹊坟陵，朝拜扁鹊神颜时，子容、子术、子越、子仪、子游、子明、子同、子豹、子阳九人是一班，佚妹只好自己一班，站在旁边等师兄们行完祭祀之礼自己再上前。蓬山人们目睹十弟子对神医扁鹊的一片赤诚，十分感动，每次他们进山都热情相待，苦苦挽留。但是，十弟子牢记恩师"普救众生"的教导，祭祀了先师，治完了蓬山的患者，就又返回故地，云游行医。

常言道山有顶，水有头。随着岁月的流逝，十弟子的年龄越来越大，身体越来越衰老，后来就相继去世了。蓬山人们为了永远纪念他们，就在扁鹊庙前回生桥南头的山岩上栽种了九棵柏树，在佚妹等待师兄们祭奠恩师站的地方，也栽了一棵柏树。说来，那些柏树也真神，虽然埋根于岩缝中，却长得青翠茂盛，年复一年竟成了森森大树，苍劲挺拔，枝繁叶绿，高达数丈，粗约丈余。那条条曲根纵横交错，亲密无间，互为依托，如龙盘蛇戏，所以世人称颂它们为"九龙柏"。

九龙柏的名称还有一种说法，那就是扁鹊庙初成，赵王封扁鹊为侯以后，宋代又加王称。扁鹊既为王，王为上天龙下凡，扁鹊当是龙所变。师为龙，弟子称龙也就顺理成章了。故事传来传去，人们不说那柏树是前人所栽、水肥所长，而说是九弟子化身而成，托神而生。

几千年过去了，古蓬山已成了人口兴旺的富饶之地。过去那一望无际的原始大森林，早已被历代封建王朝的统治者掠夺一光，但九龙柏和佚妹柏在蓬山人们的保护下，依然挺拔苍翠。

扁鹊和其弟子们，一直活在人们的心里。

（搜集整理：郑一民，1984年搜集。）

小知识◎九龙柏·凤柏

九龙柏，犹如扁鹊庙的迎客柏。九棵古柏一字列队，站在回生桥南侧，迎接怀念扁鹊的人群到来，九龙柏成了扁鹊庙的第一胜景。九株树大小不等，高矮有别，最大的树干直径达1.3米，最高的树干达8米。树身的斑纹，充分展示其古老。枝叶繁茂，四季葱翠，盘根错节，形似龙爪。据考证，九棵柏树为汉柏，一次栽种，树龄在2000年以上。

关于九龙柏的故事，真是丰富多彩。

九，在中国传统文化中是最大的数字。在许多场合，只有帝王才能用这个数字。有人说，扁鹊是王，神应王，那就是一条龙，大龙必须有小龙保护，上天就给他派了九条小龙来保护他，就是九龙柏。

这几棵柏树正好长在河边，这条河就叫九龙河，不知道是先有九龙柏，后有九龙河，还是先有九龙河，后有九龙柏。虽说不清，但不能否认二者存在联系。

扁鹊不是有九个徒弟吗？这九棵柏，也有说就是这九个弟子。

有人说：扁鹊死后，九个弟子在他的墓前，一个人种一棵柏树，以示悼念。现弟子没了，柏树一直活着。

有人说：扁鹊死了，九个弟子为师父建了墓。不久他们九人离开鹊山，出外为民行医送药，后来都老了，去世了，

九龙石柏

村民为他们种了柏树，每人一棵，正好九棵，人称九龙柏。因为师父是大龙，弟子是小龙，让九条小龙站在这里，永远守望着师父。

有人说：扁鹊遇害后，他的几个弟子继承师父的遗志，继续游历各国行医。他们死后，遗体也被运了回来，埋葬在这个地方，后来就在这个地方长出了这九棵柏树，守护着自己师父的陵墓。

九龙柏集年代之久、数量之多、生境之奇三大奇观于一身，在全国也十分罕见。

九龙柏亦称"九龙石柏"。九棵柏前一块横长的山石上，阴刻楷体五字"九龙桥石柏"。字体苍劲有力，刀法镌刻遒劲。虽为简短几字，却点明了九棵柏树的名称、位置及生长环境。既给游客指点迷津，又含怀古之情，意味深长。

站在回生桥上向东南一个山头望去，就能看到神头村边的一棵秀气挺拔的古柏树，树冠的形状就像一只展翅欲飞的凤凰。这也是一棵千年古柏，称凤柏，也称佚妹柏。

扁鹊学医送药，公开收留徒弟，这在古代中国已是一个创新。更令人称奇的是，扁鹊不仅收了九名男徒弟，竟还破例，收了个女弟子，她的名字叫佚妹。在古代，男女授受不亲，不能生活在一起。就在扁鹊死后，众弟子来祭拜，也得男女分开。先是九个男弟子祭拜，佚妹远远地站在那边看着等着。后来就在她站的地方种了一株柏树，传为佚妹的化身。

凤柏，也属汉柏，位于神头村东南山头上，与九龙柏遥相呼应。是啊，她是一位女弟子，她要站在村口，迎接祭祀恩师扁鹊的人们，最后还要依依不舍地和离去的香客们告别。

凤柏

◎鸟柏

在扁鹊庙内,山门东北数米处,有一株古柏,树径1.2米,高8米,树冠达150多平方米,枝干挺秀,表皮沧桑,此树名鸟柏。据说如果将树身剖开,板纹就是鸟形图案。还有一传说,经常在黎明时分,此树能传出鸟叫声,甚至有百鸟齐鸣之声,故而得名。

鸟柏

◎龙爪柏

龙爪柏是扁鹊庙内又一棵古老的怪树。看树干树身的特性，它也是一种柏树。但它有怪处，和一般柏树有别：小枝加柏叶，像一个爪子，村民说像龙爪子，因此称它为龙爪树、龙爪柏。树高8.5米，树身直径1.4米，树冠达200平方米。树干较光滑，庙中仅此一棵。树杈上寄生着一棵野葡萄树，树干北侧一突兀疤痕形似猪头，更像孙悟空站在猪八戒的身上，甚是奇妙。

龙爪柏

3　回生桥

古时候，扁鹊从鄚州（今任丘）来到了蓬山（今内丘）脚下，住在襄河北岸。出门就是襄水，河上没桥天天都要爬下爬上，翻过襄河。他是医生，上山采药，出门行医，来回走动挺多，所以受尽了襄河的苦。

前来求扁鹊治病的人越来越多，有的从千里之外赶来。人们看到他没日没夜地忙碌，不是上山采药就是出去给人看病，终年辛辛苦苦，尤其看到他备受过河之苦，非常不安。有一个人说："我们应当为扁鹊神医架座桥，谁没有接受过他的恩德？"于是，东家一把米，西家一瓢面，南家一块石，北家一文钱，那可真是一呼百应，千家出力，万户出工，挥汗成雨，举袖遮天，没几天便在襄河上架起了一座并行两人的小桥来，这便是最早的越桥。扁鹊站在桥上，感慨万千，热泪纵横：尽管人们生活得那样贫苦，还要为我集财架桥，再想起前些日子焦子村（今神头村）的人们为自己上山采药开凿了山道，如何能不感动呢？为了回报人们的一片爱心，扁鹊暗下决心：哪怕历尽千辛万苦，也要学遍医治百病的方法；哪怕攀再险的峰，爬再陡的崖，也要采来百药治万民的疾病。从此扁鹊更加不知疲倦地奔波在越桥上。

后来，扁鹊治好晋国赵简子的病，赵简子把蓬山赐给了他。再后来，扁鹊又游历到虢国，治好了虢太子的尸厥症，把虢太子从"死"里救活了，一时被传为天下奇谈。在齐国，扁鹊三见齐桓公指出他有病，且指出病在何处，不治将深。齐桓公骄横放纵，不讲道理，自认为没病不让治，最终贻误了自己的性命，可笑之余更叫人佩服扁鹊的医术。扁鹊每次出游归来，都要把心得和收获整理记录下来。当时，他已经有了好几个徒弟，并传授他们各科医术，让他们分头出去给人治病，完全都是为了减少病人前来治病的奔波之苦。虽然这样，毕竟他的名声太大了，赶来看病的人还是非常多，多得越桥有点承受不住了，几乎要被压塌。一来二去，扁鹊的名声惊动了上天，王母娘娘亲自下来验看，果然越桥上拥拥挤挤，只见扁鹊不厌其烦地把脉，针石刺穴，

回生桥

药剂熨治。王母娘娘见此便也化作一行乞病人昏倒在了越桥南头，扁鹊闻知马上派徒弟子阳、子豹把"病人"小心翼翼地抬了进来，亲自把脉诊治，说："此人肠胃不裹五谷之食，昏饿之疾。"王母娘娘本来就是不食人间烟火的神仙，扁鹊一语言中。扁鹊叫子阳端来一碗参汤，灌喂"病人"，"病人"醒来，再馈其食，"病人"千谢而去。

王母娘娘这一试，确见扁鹊善心一片，名副其实。得人一食，馈人一桥，王母娘娘便把袍袖一甩，裏河上立即现出了一条彩虹，紧接着万千鸟鹊衔石云集而来，越积越多，都来筑桥。到第二天一早，鸟儿不见了，原来的越桥也不见了，一座巍然壮观、宽大坚固的雕栏汉白玉石拱桥飞架在了裏河之上，两头还有四只栩栩如生的石狮子。人们都说越桥是彩虹变的。从此，来求扁鹊治病的再多也不挤了，因为越桥很宽绰。

（讲述人：贾忠敏、宁合柱、刘培山等人。搜集整理：李恒坤，1999年夏。）

4 透灵碑吓死赵县官

说一块石头碑能吓死活人,世上没人信,可咱这儿老辈子真有这种事哩!

相传,宋朝的时候,在鹊王庙里就立了一块碑。那碑,是皇帝送的,浑身亮白,没有一丁黑点儿,上头刻着龙,下头卧着龟。不知它得了啥灵气儿,人往前面一站,碑上马上就显出你的五脏六腑。要是好人去照,能看见肚子里的病在哪儿,比医生还灵哩!要是坏人去照,可就糟了,往碑前一站,那上面马上就显出你的黑心黑肝,还看见上辈子是啥物件转的。这事一传开,去拜庙的人就多啦。每年三月初一庙会,人们在庙里烧香磕头,等着在碑前照病的人成疙瘩挤蛋蛋!坏人照一回就跑了,好人谁照谁说灵。于是,大伙就给这碑起了个名叫"透灵碑"。

庙里怕把碑挤坏了,就给碑盖了个楼。那楼,一色的青红砖,一敲当当响,比铁还硬,真是个万年牢。块块砖上都有佛像,一块一个样,有的张着手,有的拿着刀枪,活灵活现的。楼顶的四角上,挂着铜钟,不用人敲,风一刮就响,那声音就像天上飘下来的仙乐,离几里地都能听见。楼门不大，一尺来宽，一次只能进去一个人。上山来行好的人怕挨不上，不等到三月初一庙会，就占满山了，留下的那香火钱和供果，堆成堆，摞成摞。

有一年，内丘城来了个新官。这人长得鹰鼻子鹞眼，要多难看有多难看。他听说神头村的庙会红火，也带着衙役们上山了。他可不是来行好的，而是来抢财的。他把大轿一住，就让衙役们把一摞一摞的香火钱，往布袋里装。

这香火钱，本来是人家看庙人养家糊口、修庙的钱。县官领着人一抢，和尚道士瞪眼了，行好的人也火了。可人家是官呀，一县之主，谁敢惹呀！人们明着不敢闹，心里都骂，祈求鹊王爷显灵，把他劈了。

赵县官也不傻，知道人们恨他，装聋作哑，把抢钱的事交给班头，往庙里后院一躲，找个娘们陪着，喝起酒来了。他一边喝酒，一边看着衙役们一布袋一布袋往院里背钱，心里那个乐呀，别提多美了！好像那一布袋一布袋的银钱，都姓了赵了。

不知是神使鬼差，还是喝醉了，赵县官酒足饭饱，听说透灵碑能照见人的五脏六腑，上辈子是啥物件托生的，就叫衙役们把钱往车上一装，下山前要去透灵碑前照一照自己是什么星宿下凡的。

衙役们都是当官的狗，赶开老百姓，把透灵碑围了个风雨不透。赵县官掸了掸靴子，正正帽，醉醺醺地到鹊王殿烧了炷香磕了个头，便向透灵碑走去。哪个当官的没有拍马屁的？有俩衙役怕县官摔倒，赶紧跟在屁股后头护着。赵县官迈进透灵碑门楼，俩衙役也跟着往里面伸头探脑。只听得赵县官"啊呀"一声怪叫，就栽倒在地上，俩衙役从赵县官闪开的透灵碑上，看见一只黑心黑肝的兔子，吓得连跑带喊说："不好了，老爷变成黑心的兔子了！"

常言说，好事不出门，坏事传千里。庙会上的人听说赵县官是个兔子转生的，因为贪财变成了黑心黑肝，高兴地拍手叫好！

等衙役们从透灵碑楼里扯出赵县官，他脸色苍白，浑身打战，真像一只吓丢了魂儿的兔子。赵县官一气之下，让衙役们放火烧了透灵碑。从此，透灵碑由白变黑，再也照不见人的五脏六腑了。赵县官被人抬下山，不久就死了，人们听说了，都说是："透灵碑吓死了赵县官！"

（讲述人：韩庆寿，读过古书的农民，69岁。搜集整理：郑一民，1984年搜集。）

5　洗肠沟·捞肠沟·手术台

相传，虢太子的"尸厥症"被扁鹊治好后，因虢国遭难，虢太子就找扁鹊拜师学医，经历了很多波折才实现了心愿，太子特别珍惜学习的机会，扁鹊走到哪儿他跟到哪儿，学得可用心啦！扁鹊见太子这么用心，就常把他带到身边，悉心教授。

一天，扁鹊和太子师徒二人正在山里采药，虢太子肚子突然疼了起来，刚开始还忍着没有吱声，谁知道那疼劲越来越厉害，太子实在扛不住了，疼得满地打滚，原本红润的脸白得像张纸，豆大的汗珠子噼里啪啦地往下掉！扁鹊见势不妙，赶紧摁住太子，替他一把脉，扁鹊的心咯噔一下子，额头上也急出汗了：太子得的是急症绞肠痧，这病耽误不得，须立马动手术，把病肠子清除。搁在平时，这事在扁鹊手里不算个事，小手术而已；可现在不一样啊，荒山野岭，在哪儿动手术呢？扁鹊也慌了，他四下一看，相中了一块天然岩石，那岩石有床那么大，平平展展，一头浸在溪水里。扁鹊忙把太子扶到岩石上躺下，又拿出自制的麻醉药粉和在药葫芦里的药酒中，太子喝了几口麻劲上来了，昏睡过去。扁鹊洗净了太子的腹部，然后拿出手术刀，在溪水中反复冲洗。一切准备好了,扁鹊左手按住太子的病患部位,右手的手术刀干脆利落地划下去,利刃在太子腹上移动,血从肚子里流了出来,染红了石面,又流到旁边的小溪中,溪水也被染红了。扁鹊剖开太子的腹腔,小心翼翼地把病肠取出,到哗哗流淌的小溪边,轻轻地洗着,也许是因为手术疲劳,也许是因为紧张,一个不小心,光溜溜的肠子竟从他手中滑落到水中,奔腾的溪水卷起肠子,"唰"地就冲走了。扁鹊大惊失色,撩起袍襟撵那肠子去了。肠子顺着水流冲出了老远,扁鹊甩开步子,跑呀,跑呀,多亏他常年走山路采药,练就了一身好体魄,要不他一个上了年纪的老头哪受得了这折腾呀!直撵到了焦子村村东头的拐弯处才捞起了肠子,扁鹊舒了口气,也顾不上擦汗,又赶紧往回跑,那边虢太子开肠破肚还等着呢!这顿好跑,扁鹊累得够呛,真是汗流浃背,喘息不停。赶到那块岩石边上,扁鹊又在溪水中洗净了肠子,轻轻掀开太子腹部,将肠接好,认真缝合了内外伤口。忙完这一切,扁鹊这才长长地舒了口气,那颗悬着的心才落到了实处,总算是救回了虢太子的一条命!

扁鹊为太子开膛破肚的石头上留下了斑斑血迹,你说怪不,那血竟然褪不下去,历经千年风雨,缕缕鲜红仍是十分醒目。当地人就把这块石头叫作"手术石",扁鹊给太子洗肠子的那段河沟就叫作"洗肠沟",捞起肠子的那一段河沟叫作"捞肠沟"。

(讲述人:宁合柱,男,68岁,神头村人,看庙专职人员。搜集整理:韩朝霞,1999年搜集。)

小知识◎洗肠沟·捞肠沟

洗肠沟

在扁鹊庙群以北，瓮山脚下手术台石以南，有一道从西边流来的山川水形成的河沟。扁鹊给虢太子动手术时，把肠子拿出来，到这儿洗干净、清瘀、消毒，再给他放回去，因此这一段叫洗肠沟。

在洗肠时，水流较大，扁鹊因劳累不小心，一松手，肠子被水冲了下去。扁鹊一阵猛追，在一拐弯处捞住肠子，忙跑回到手术台给虢太子接上，手术才成功。于是，这段沟就叫捞肠沟。

捞肠沟、洗肠沟截流的瓮山湖

6 九龙泉

传说有一年,天大旱,襄河里的水旱干了,地里的庄稼旱死了,人们吃光了野菜、树皮、草根。求雨声呼天抢地,老龙王却充耳不闻,就是不给下雨。祸不单行,又发生了瘟疫,那真是暴尸遍野,惨不忍睹。

扁鹊和他的徒弟们一天到晚分散到各处治病,可是,实在治不完那么多的病人啊。眼看瘟疫日渐蔓延,扁鹊无不痛心地对他的徒弟们说:"这天灾人祸,百姓可真是遭上大难了,我们如何才能够救治更多的人呢?"

徒弟子豹说:"谁也没有长着千只手,如此这样治法,再多十个人去治也忙不过来啊!"

扁鹊说:"是啊,我想,不如我们分一下工,子阳、子豹到蓬山上去采回更多的药来,我和子仪、子容在桥头熬药、分药,其他人到各地去召集病人,让他们到越桥桥头上来喝药,你们看这样好不好?"

徒弟们都说:"好。"于是开始分头行动了起来。

就这样,越桥桥头上支起了一口大锅,扁鹊把配制好的各味药投进去,添满水,子仪抱薪烧火,药气飘到了十里之外。人们纷纷赶来,走过越桥，你一碗，我一碗喝过药后，再拿上一些药回去服用，由此保住了性命。人们无不感叹地说："这越桥可真是回生桥啊！只要我们走过了越桥，就又走回到了生路上，神医就是我们的再生父母。"这样一来，越桥便被叫成了回生桥。

回生桥上回生路，一传十，十传百，只要能走过回生桥，就可以起死回生。于是人们蜂拥而来，都说扁鹊是天上派下来的神医，是拯救百姓的仙人。汤药熬了一锅又一锅，草药分发了一包又一包，师徒们忙得顾不上吃饭，忘记了睡觉，救治好的病人实在没法数清。后来，却遇上了一件麻烦事儿，熬药熬得井水用干了，天又旱，哪里还有水呢？眼瞅着这么多病人端着空碗不能喝上药，扁鹊的心里就像着了火，捶胸顿足不知如何是好。且说老龙王开始时听烦了求雨声，后来又听不见求雨声了，很奇怪，就遣了九龙子去查看，也该下点雨了。九龙来到蓬山脚下，见人们都挤在回生桥上，原来瘟神横行人间，神医扁鹊正在解救百姓，正为水干犯愁。九龙动了恻隐之心，一为百姓遭受双重灾难而同情；二为扁鹊救苦救难的一片善心所感动，就商量着要帮助扁鹊救治百姓。就算下雨，也远水不解近渴，于是，九龙一个个就地卧在了桥下，张口吐出了神泉。

九个神泉突然从回生桥头下汩汩地冒了出来，人们惊奇之余赶紧汲上来，喝一口，清冽甘甜，精神大振，用来熬药，药效神增，即服即好。这上天赐给的神水可救了急了，单喝上一碗神水便可病去一半，人们欢呼雀跃，争相取而喝之。

瘟神被赶跑了，为了感激九龙，人们也把越桥叫作九龙桥。越桥、回生桥、九龙桥实为一桥。

至今，九龙泉还在不断流着，不管天再旱，从没干过。后来襄河上游是干河，唯有下游流淌着清澈的泉水，多少善男信女来到回生桥头都要喝一口九龙神水，以求祛病消灾。

（讲述人：贾忠敏、宁合柱、刘培山等人。搜集整理：李恒坤，1999年夏。）

九龙泉水

7　报子口

在神头扁鹊庙北山后头，有个小山村叫"报子口"，说起这个村名，还有个说处哩。

据说，在春秋战国时期，中丘蓬山来了个求师学艺的乡村郎中，叫扁鹊。这小伙子心眼好，还勤奋好学，天明了上山采药，天黑了挑灯夜读，本地的穷苦人有个脑痛头热，跑茅子拉稀的，他给配付草药，一吃就好，可灵验哩。

有一天黑夜，扁鹊刚要躺下睡觉，隐隐听到有哭声传来，他侧起耳朵细听，哭声却没有了。他想，准是听错了。

可第二天黑夜，他又听到了哭声，还听出是女人的哭音。

第三天黑夜，他没点灯读书，专等哭声传来，就顺着哭音爬上山，就着月光向前一看，只见一个披头散发穿白衣的人抱着个东西在哭。要是别人早就吓坏啦，准认为是闹鬼。扁鹊不信鬼，他大喊一声："是谁在哪儿哭啊？"

不想那人扔下怀里抱着的东西，扭头就跑，一眨眼跑进山沟就看不见啦。

扁鹊走上前拾起那人丢下的东西，就着月光一看，不由大吃一惊，原来是个刚生下的死孩子。

后来扁鹊从人们嘴里才打听出，那是附近村里一个田姓人家的媳妇，她一连生了九个孩子，个个孩子在七天头上，小嘴咕噜个不停，不一会就没了气。田家媳妇生一个死一个，都气傻啦，常常跑到山沟里抱着死孩子哭。

咱们这山里有个习俗，不满百日的孩子死了不能埋，得扔山沟里喂狼，附近村有不满百日死了的孩子也都扔到这山里来。就这样，田家媳妇常到山上去抱着死孩子哭。

扁鹊知道了这些情况，也了解到附近许多人家也有刚生下的小孩得咕噜风死的，明白这是引起小孩死亡的常发病。他经过细心查访，多次问过伤小孩的人家，最终研究出了一套治小孩咕噜风的方法。

一天，从山上慌慌张张跑来一个人，谁呀？是伤了九个孩子的田家人，说田家第十个孩子生下来了，怕养不活，像前九个孩子那样也得咕噜风。听说扁鹊有法治，就来求治。

扁鹊二话没说，背起药筐就跟着去了。

来到田家，一家人不知所措地守着个刚生下的小孩发呆。扁鹊忙让全家人帮忙，先用开水煮几块小布，凉凉后蘸着香油把小孩的口鼻耳眼都细心擦一遍，预防有杂物堵塞呼吸道引起死亡；又用酒火点燃棉花，把烧成的灰敷在小孩剪断了脐带的肚脐眼上，预防发炎；然后又在烧热的瓦片上把蝎子、蜈蚣焙干，碾成末，让田家媳妇在喂孩子吃奶时，沾在奶头上让孩子吃进肚里，排除肠胃里的毒气。

扁鹊做这一切时，那田家媳妇眼睛一眨也不眨地看着。田家最后终于保住了这个孩子。

说来奇怪，自从养住了这个孩子，田家媳妇那疯傻病也渐渐好了，等她再生了孩子，她竟能一点不差，按扁鹊的做法，给孩子做预防。

后来，人们为了纪念扁鹊治愈咕嗓风这件事，就把田家媳妇夜晚抱孩子哭的地方叫"抱子哭"。以后抱子哭这里住了人家形成了村庄，人们传来传去，把"抱"变成"报"，把"哭"变成"口"，就演变成现在的"报子口"了。

那田家媳妇记住了扁鹊治咕嗓风的方法，一听说谁家生了小孩，常不请自到，忙活半天，连口水也不喝，更不要半文钱。当地百姓都戏称田家媳妇是"田白治"。后来李家、阎家、刘家都学会了这个方法，他们也无偿为村民帮忙，以后就有了田白治、李白治、阎白治、刘白治村庄。现今"治"演变成了"芷"，几个村庄都坐落在扁鹊庙四周。有机会到这几个村里走一走，会发现至今村里还保持着生了小孩用煮过的布蘸香油擦嘴的习俗。

（讲述人：宁合柱，男，67岁，神头村人。搜集整理：和莲芬，1999年夏，扁鹊庙内。）

8　九仙洞

扁鹊在蓬山行医多年，治好了许多疑难病症，名声越传越远，许多患者从很远的地方赶来寻医问药。

一天，扁鹊给患者把好脉配好药，想稍歇一会儿，这时从外面进来两个蒙头盖脸的人。扁鹊请她们坐下来，她们挤在一块却不动；让她们把蒙头盖脸的头巾摘下来，以便观颜察色，她们还是不动；让她们把手伸出来，好把把脉，她们还是不动，好像没听懂扁鹊的问话。

扁鹊也感到奇怪了，这两个人真怪，不言不语，莫不是家里有了啥急病人，想让自己出外诊病？

扁鹊忙收拾收拾药箱说："别着急，我跟你们去。"

嘿，这次那俩人听懂了，扭身往外走。

扁鹊没迟疑，跟弟子们打了声招呼就跟着走了。

谁知扁鹊这一走，竟半月没露面，可把乡亲们和他的弟子急坏啦。

知道扁鹊遇到了啥奇事吗？原来那两个人经过一天一夜的奔走，把扁鹊带到一个森林密布的山下，这里一沟一坡都是郁郁葱葱的野桃树、野杏树，树上果实累累，那两人伸手摘下许多桃、杏，还让扁鹊也摘。

扁鹊走了一天一夜，也渴啦，也饿啦，也不管桃杏的生熟，把药箱也装满了。紧接着又跟着那两人很费力地爬上一个山峰，一路磕磕绊绊，扁鹊摔了好几个跟头，可那俩人也不帮扶，一直走到一个洞口前，她们才停下来。

只见其中一个人冲着山洞喊："哎，大家出来吧，俺把先生请来啦。"

话音刚落，从山洞里出来七个人，也都蒙着脸，其中有一个是被人抬出来的。

扁鹊正想问是咋会事儿，刚才说话的那个人把头上蒙的布摘下，其他八个人也慢慢摘下蒙头的头巾，把脸转向扁鹊。

"啊！"扁鹊一声惊叫，原来这九个人都是女的，她们的头发，眉毛都已脱落，身上有些地方也开始溃烂。扁鹊为啥惊叫？他望了一眼就知道这是一种很难治的病，是老百姓传说的"疠疾"，也就是现在所说的"麻风病"。

这几个人哭诉了她们的经历：

原来她们是相邻几个村里要好的朋友，她们一起在山上放牧，一起到山上砍柴，逢年过节还要到各家串串门，像走亲戚一样。

谁知有一天，她们几个觉着浑身又痒又痛，没几天眉毛、头发都脱光了，请了好多先生，都摇头说没法治。村里人说这病是传染病，不让她们在村里住，不然就把她们全家赶出村。为了保住家人，她们被爹娘送到这山上自生自灭。她们几个聚在这山洞里，喝山泉水，吃野果子，不甘心这样死去，就冒险到山下寻找名医扁鹊来治病。

扁鹊就在山上教她们怎样采药，怎样配药，怎样内服外敷。还让她们多采些鲜花，泡在水里，然后再泡身子。经过十天半月的调治，她们觉着身上有点好转，身上不太痒痛了。扁鹊知道"疠疾"这病不是一年半载能治好的，得长期治疗，才能控制病情的发展。为了鼓励这九个女人活下去，他隔几天往山上跑一次。

春去秋来，一晃三年过去了，九人吃遍了山上所有的草药，病情没发展。一次上山扁鹊看到洞口一堆堆吃剩下的桃核、杏核，突发奇想，这杏仁、桃仁是桃杏的精华，是否也能治病？说干就干，九个女人很快砸了一大堆桃仁、杏仁，扁鹊让她们内服外敷，还泡水洗身子。过了几个月还真有了好转，她们的皮肤开始变白变嫩。

女人们哭了，这么多年她们远离亲人，受着病痛的折磨，心灵受着常人无法忍受的煎熬，泪水几乎快哭干了。要不是扁鹊常来看她们，她们也许早跳崖身亡了，她们现在终于又重见天日了。

又经过几年的治疗，这几个女人都变得美丽漂亮，甚至比生病前还好看。可她们谁也不愿下山了，愿在山上修身养性，了断尘缘。

后来这九个女人经过苦心修炼，都得道成仙。

据说，是扁鹊不怕艰难困苦，坚持数年如一日为九个女人看病的精神感动了天上的王母娘娘，她派桃花仙子和杏花仙子下凡，还让两位仙子用她的洗脸盆盛上天池之水，带到凡间。从此桃仁和杏仁有了药性，那山上的泉水也能治病。

后来，人们叫九个女人修炼的九个洞为"九仙洞"，而她们常洗身的地方就叫"王母娘娘的洗脸盆"，而那盆里的水就是天池之水，那水一年四季也没干过。

现今那山上的九仙洞还完好如初，洗脸盆的水也长流不断，那桃林、杏林更是一片连一片。

（讲述人：和杏小，男，已故，大和庄村人，农民。搜集整理：和莲芬，1986年春，和庄乡。）

9 擤沟

自从扁鹊看病出了名,很多人都挺尊敬他。可也有不服气的,认为扁鹊那两手是瞎猫抓了个死老鼠,让他蒙对了。

有一年枣花开了,一伙放蜂的在山上搭了几间庵屋住下来。有一天,几个砍柴的来到放蜂人的庵屋里讨水喝,放蜂人挺热情,冲了几碗蜂蜜水端上来。几个年轻人喝得不过瘾,想吃蜂蜜。那蜂蜜又黏又稠,也没法下手,扭头看见门旮旯后边有一捆大葱,就随手剥根葱沾着蜜吃起来。几个人过足了瘾,就往山上去了。

上山没多远,看到扁鹊背着筐正在挖药材。几个打柴的相互眨眨眼,想考考扁鹊,就喊:"扁鹊师傅,你能看出俺几个刚才吃的是啥吗?"

扁鹊仔仔细细看了他们的脸色,不由惊叫道:"你们瞎吃啥?怎么吃了毒药?"

几个砍柴人听了,都一起大笑起来,其中一个说:"都说你扁鹊是神医,哪知你净瞎蒙人。俺喝了一肚子蜂蜜水,你却说是毒药,这事儿要传出去,还真让人笑掉大牙哩。"

扁鹊说:"蜜水不是毒药,可喝了蜜水又吃了葱,那就成了毒药。

看你们几个的脸色,不是中了毒是啥?"

几个砍柴的一听,当时就傻了眼,真觉着浑身不得劲。

扁鹊忙拿出针来,先给他们截住了毒性的发作。有一个最壮的小伙了还不服气地说:"吓唬谁呀,俺才不信哩。"扭头就走,没走几步,忽觉眼前发黑。扁鹊赶忙过去,一甩手针就扎在穴位上。

几个砍柴的被救了,也领教了扁鹊的神奇医术。从此,众人把这甩针救人的地方叫成"甩沟",也就是现在的摁沟村。

至今,医书上还记载着蜂蜜和葱是相忌的食物。

(讲述人:和巧文,女,58岁,张公塔村人,农民。搜集整理:和莲芬,1986年夏,张公塔村。)

10　天井村

在鹊山深处，有一个村庄。这个村庄有一眼井，这井不是人工修造的，是个天然洞，井水甘甜，特别是酷暑三伏，从井中提出一桶水来，只在桶边站一站，就觉肌肤清凉，不大一会儿汗就落了。村里人常年守着这眼避暑井，再热的天也没热着过人。

有一年三伏天，天热得奇怪，坐在树凉里汗水还"突突"往外冒，村里人几乎都是守着避暑井的水过日子。一天一个卖凉粉的路过这个村，要找井水冰凉粉，刚放下担子，就见一个白胡子老头，背着个药葫芦走来，说要吃一碗井水过凉粉解解暑气。他吃了一碗连连说好，只是告诉卖凉粉的，有人吃凉粉，最好只过一遍水，这井水太凉，天气又闷热，要是凉粉过两遍水，再壮实的人吃了也会出毛病，过三遍水人吃了就有生命危险。

卖凉粉的记住了白胡子老头的话，村里有人吃凉粉，他都是过一遍水。这时从山上下来几个挑担的大汉，个个光着膀子，汗流浃背，来到凉粉摊前嚷着要吃"井拔"凉粉。卖凉粉的忙把凉粉过了一遍水端上来，其中有个块头最大的汉子觉着不过瘾，把凉粉又连过了两遍水，就一气吃了下去，吃后连连喊道："好痛快，好痛快。"

卖凉粉的也没来得及阻拦，只得告诉那大汉实情。

谁知那大汉满不在乎地说："俺在家里一年四季喝凉水，身体壮得像条牛，一碗过三遍水的凉粉能治住俺，俺还真不信哩。"

几个大汉又挑担上路了，卖凉粉的也没法，只得按白胡子老头的交代，用三个葫芦灌了那大汉过三遍凉粉的水，并标上次序。

过了十多天，卖凉粉的又到这个村摆凉粉摊，终于等到几个挑担的大汉从山上下来，忙上前打问那个壮如牛的大汉为啥没来。

那几个挑担的说："别提了，那小子回家就躺倒了，气喘如牛，真应了你说的话，快没命了。俺们几个也弄不明白，都是吃的井拔凉粉，俺几个没事，他恁壮的身子硬让一碗凉粉给害苦了。"

卖凉粉的忙从随身带的包里取出三个葫芦说："这是前几天那大汉过了三遍凉粉的井水，你们捎回去让他按着标出的次序分三次煮沸了喝下，病就好了。"

那几个大汉半信半疑地把水捎了回去，果然那大块头的汉子喝后病就好了，他忙跑来感谢卖凉粉的救命之恩。

卖凉粉的说："要谢你得谢那白胡子老头，是他预先告诉俺的，后来俺才知道，他就是有名的神医扁鹊。"

人们听说这事，就越传越远，说那井是仙井，那药方是神方，那村名也改成了"仙井"村，后来念转了，就成了"天井"村。至今，这一带冰东西吃都是过一遍井水，刚懂话的妹妹都知道"热肺凉水伤身"。

（讲述人：宁二文，女，已故，神头村人，农民。搜集整理：和莲芬，1993年，神头村庙会。）

11 扁鹊墓前的艾蒿

说起扁鹊墓前的艾蒿,还跟历史上有名的"黄巾军"有关哩。

那年,黄巾军起义失败后,许多起义领袖都战死了,还有一部分黄巾军为保存实力,在头领张飞燕带领下,撤往内丘的蓬山。这里原来是张角分设的三十六方中的一方。

往蓬山撤的消息让官兵知道了,他们在路上围追堵截,黄巾军奋力抗争,死伤惨重,活下来的义军个个带伤。

这一天,义军撤退到了扁鹊墓旁,墓周围的艾蒿稠稠密密,有半人高,正好可藏身。

军官开始搜山,张飞燕心里着急,等弄明白这里是扁鹊墓,他跪在墓前发誓:神医今日若救义军,它日自己定会捐款修庙。

这时,许多义军的枪伤、刀伤流血不止,有人随手从墓前抓把土捂在伤口上,说来奇怪,伤口立马不流血了,并很快结了痂。有的义军口渴,就随手捋把艾蒿嚼嚼咽下肚,不想奇迹出现了,刀伤一下不痛了,浑身还增加了力气。

张飞燕跪拜了扁鹊墓,重新组织起义军,打退了官兵,在后山上安营扎寨，劫富济贫，又坚持战斗了20余年。

后来人们把张飞燕安营扎寨的地方叫"寨门沟"，把他居住的地方叫"铁寨山"，而在深山设建的"演兵场"至今还在。

据说张飞燕后来为扁鹊修庙捐了许多钱物。从此扁鹊墓周围的艾蒿和土成了神药，许多善男信女都把它当成药引子，据说能治百病。

（讲述人：侯唐小，男，79岁，神头村人，农民。搜集整理：和莲芬，1999年秋，神头村。）

12　五灵脂

扁鹊除了在蓬山上采药，他还寻找新草药，研究配制多种药方，恨不得把所有的草木都入药。他夜以继日，常常为研究一种新药材的功效，忘了吃饭睡觉。为了检验药效，他不但自己熬制，还学神农氏尝百草，自己再一口一口把药喝下去，亲自体会药物在体内的反应。

一天夜里，疲劳过度的扁鹊，趴在桌上睡着了，忽然一阵凄惨的鸟叫声把他惊醒。他觉得很奇怪，细听听也不像猫头鹰或是蝙蝠的叫声，好似是在叫人名。听，王岗哥，王岗哥，叫个不停。

第二天，扁鹊带着疑问去问老百姓，大家就给他讲了一段故事。

说在很早很早以前，有个小孩叫王岗，他死了亲娘，爹给他娶了个后娘，后来又添了个小弟弟。不久王岗的爹死了，王岗可受了罪了，狠心的后娘让他吃不饱穿不暖，还天天逼他干重活，稍不如意就把他打得皮开肉绽。幸亏那个小弟弟从小跟王岗长大，心痛王岗，天天给王岗偷东西吃。

随着年龄的增长，后娘想独霸家产，赶走王岗。为了不让人看出她虐待王岗，她让王岗同她的亲生儿子都到南山上去种地，种的地啥时出了苗,啥时才许回家。

王岗和小弟背上种子就上了南山。到了南山上,小弟非要把自己的种子跟王岗换一换。原来昨夜小弟看到娘把给王岗的种子炒熟了,知道娘想害王岗,小弟心眼好,就把熟种子换给自己。

兄弟俩到南山上一人占一个山头撒下了种子,三天后,王岗种的地先出了苗,他忙回家告诉后娘。后娘看到王岗回来了,一问原因,知道自己害了亲儿子。王岗知道小弟为了救自己换了种子,就哭着到南山上找小弟,等他找到小弟,小弟早死了。王岗把小弟埋在南山上,日夜守在坟头上。后来王岗变成一棵树,小弟也化成一只鸟,常落在树上夜夜啼叫——王岗哥,王岗哥。

人们都叫这有情有义的鸟为"王岗哥鸟"。这小鸟昼伏夜出,不吃粮食,夜夜啼叫不止,直到嘴里出血,以血引来蚂蚁为食。冬日里引不出蚂蚁,以自己的粪便为食。这种鸟很难逮,住的地方也很难找,常在悬崖峭壁上做窝。

这个故事,又引起扁鹊的思考。

后来,扁鹊在当地人的带领下冒着生命危险,爬到悬崖上取来小鸟的粪便研究。最终发现,小鸟的粪便是一种治妇女大出血的良药,特别是小鸟冬日五次吃自己粪便再五次拉出的粪便,是上等止血药,扁鹊用这药从阎王爷手里救回了许多妇女。后来扁鹊给这种药取名"五灵脂",而给那小鸟取名"五灵脂鸟"。

(讲述人:刘三保,男,已故,神头村人,农民。搜集整理:和莲芬,1984年春,一家村。)

13 蒸小儿

扁鹊在蓬山历尽磨难，终于得到了医师长桑君的真传。为了把师父的医术进一步发扬光大，他开始巡诊列国，先后到过齐、赵、虢、卫、秦等国，曾治好赵简子的"昏睡症"，虢太子的"尸蹶症"。赵简子为感谢扁鹊的救命之恩，特在蓬山赐田四万亩作为扁鹊的封地。从那以后，这蓬山就成了扁鹊的第二个故乡，他在这里广收门徒，行医四方。

话说，扁鹊巡诊回来后，除了给人治病，还同他的弟子总结经验，写出许多药方，以便留给后人。

有一天半夜，天黑咕隆咚，扁鹊和弟子们刚睡下不久，就听到擂鼓似的敲门声，还夹杂着一个妇女哭声拉气的喊声："救命啊，扁鹊师傅。"

扁鹊披件外衣拉开门，一男一女跪在门外，妇女怀里抱着孩子，哭着喊："快救救俺的孩子吧。"

扁鹊接过孩子，用额头往小孩的头上一贴，孩子头烫得似火。他忙把孩子放在土坑上，解开裹孩子的衣裳，那孩子浑身滚烫似燃烧的炭块，皮肤上却光溜溜没有半点小疙瘩。

扁鹊断定这孩子是出疹子。俗话说："红疹子轻，白疹子重，黑疹子出来要了命。"

这两口子开始见孩子发烧，就给孩子灌了点退烧的草药汁，谁知灌下药汁烧没退下，孩子反烧得昏睡不醒，汤水不进。这才连夜来找扁鹊。

这时扁鹊的弟子们也都起来了，他们看了看小孩子都知病情严重。谁都知道，小孩出疹子不能退烧，要是内里退热，那疹子就会憋在皮肉里出不来，孩子会因疹子出不来而死。再说小孩出疹子最怕见风，那风一吹，体内的热散不了，同样出不来疹子，也会使孩子死亡。

现在这两口子救孩子心切，让孩子内退热外见风，反倒害了孩子。咋办，咋办呀？

扁鹊急得在地上来回走，得赶快想出个方法让孩子把体内的疹子出出来，要不孩子小命难保。

扁鹊急得出了一头大汗，一头撞在蒸干粮用的大笼上。这下倒提醒了扁鹊，他一拍脑门，忙吩咐弟子们，收拾锅灶，点火烧水。弟子们不知道师父葫芦里卖得是啥药，看师父那着急劲，也不便多问，一切照办。

等水烧得不凉不热，扁鹊已用干净布缝了个口袋，把剥光衣服的孩子连头带脚装进去，然后放到蒸笼里去蒸。

大家都紧张地盯着蒸笼，大气也不敢出。

过了半个时辰，从蒸笼里传出"哇"的一声沙哑的哭声。扁鹊忙去掀开蒸笼盖，嘴里连连说："出来了，出来了。"

等弟子们七手八脚抱出小孩，打开布袋口一看，那孩子浑身冒热气，出了一身白疹子。

原来，那孩子经内退烧外见风，皮肤的汗毛眼都紧缩住了，只有让潮热进入皮肤内才能使汗毛眼张开，疹子才能顺利出出来。扁鹊把孩子放到蒸笼里一蒸，潮热的水汽就从皮肤外打开了孩子的汗毛眼，诱出了疹子。

这两口子为了感念扁鹊的救命之恩，就把这件事当成"传家宝"，一代一代传下来，一直传到现在。

（讲述人：尚二楞，男，77岁，东营村人，农民。搜集整理：和莲芬，1998年春，东营村。）

14 药石和献殿

在扁鹊庙前的回生桥南头,戏楼台上有一块大石头,有个叫龙峰的人在大石头上刻了"药石"二字。相传神医扁鹊曾经在这块大石头上磨制过石针,刻记过药方,所以它很有灵气。人们把这块石头也叫成"药单",说扁鹊很神灵,就是因为端坐在扁鹊殿里的神像正好可以从献殿的过道、山门楼、回生桥桥楼中看过去,看到那块药石。只要跪拜在了神像前,扁鹊自会有求必应,从药石上为你择取药方,配制神药,保佑祛病消灾,可灵验了。说起来,这药石和献殿还有一段牵扯呢。献殿紧挨着扁鹊殿,是专门供朝拜扁鹊时祭祀用的殿堂,气势雄伟,但有时献殿会很神地降低下来,这得从三月初一的庙会说起。每年的三月初一是扁鹊庙会,可热闹了。从二月十五开头,越闹越大,没完没了。天南海北的人们纷至沓来,怀着无比虔诚的心情,前来进香、朝拜。有求药治病的,有求儿求女的,还有求福求寿的,再加上无数经商的、杂耍的、唱戏的、凑热闹的,从四面八方拥来。届时,人山人海,挤满了神头村,挤满了回生桥,挤满了扁鹊庙。要不,为啥神头村流传着家家户户都有井的习俗呢。庙会上的人们整日整夜地不散,堵得村民不能出门挑水，其实外面的井每时每刻都被汲干着，这样又不是一天两天，没准儿会有多少日子呢。所以只好家家户户打眼井，以解吃水之急。要说人多人稠到啥样程度，就发生过鸡叫三遍，如果不开殿门会挤死人的情况。听起来叫人痛心，却说明人实在太多了。庙会的时间又拉扯得挺长，从三月十五到了四月里还散不了，致使人们顾不上耕种，误过农时。内丘、邢台、临城三县因为曾是神医早年经常采药、行医的地方，人们更是对神医热心敬拜，献戏、献艺来捧会。三县的县太爷瞅在眼里，愁在心上，对此很挠头，一方面深为神医扁鹊的如此浩大神威而钦敬，另一方面大为百姓们不顾时令挤会误耕而叹惋。有病有灾可以求医、求神来祛除，误过了农时却无法再补救。所以，每年到庙会时，县太爷们不得不来捧会，但捧归捧，很难捧散，县太爷们只有束手无策干着急。

有那么一年，庙会从二月十五一直闹得过了谷雨，又立了夏，人越增越多，光茶棚（专供远处香客吃住的地方）就扎了十多里。三位县太爷来捧会，一个站在碑楼上，一个站在桥楼上，另一个站在戏楼上，好话说尽了，歹话说绝了，唾沫耗干了，嗓子喊哑了，就这样三天三夜，仍然无济于事。衙役们也受尽了罪，被人们挤过来，挤过去，动硬的不行，来软的也不行，撵又撵不散，驱又驱不走，还有人从回生桥上被挤下了蓥河，摔伤致残，着实令人痛心。

再说扁鹊，在天有知，看得清清楚楚，也很为此伤心。本来是为了施善万民，救苦救难，没想到人们不讲节制，不守规范，随心所欲挤会而伤及人、误其耕，实在太不应该这样子，他得想个法子解决解决。于是扁鹊化作一个白胡子老头，站在回生桥上，分别指点三位县太爷去喊："降献殿，庙会散。"

三位县太爷愣了愣，也不及多想，便不由自主地大喊起来："降——

献——殿——了，庙——会——散——了。"

这么一喊不要紧，只听到"咯吱吱"一声响，就见那献殿晃了两晃，眼瞅着往下降了，越降越低。里面的人跑出来看，外面的人瞪着眼瞧，一个个目瞪口呆，全傻眼了。

当三位县太爷回过神来，知道这是扁鹊点化他们，竟把献殿真的给喊降了。等再去找那白胡子老头，早已没了踪影。人们也怪，挤着求神拜神，神显灵了倒一下子惊呆了，戳在那儿一动不动，不知如何是好。三位县太爷何等聪明，就趁机说道："扁鹊显灵了，叫散会呢，你们都已看到了，降了献殿，看不到药石了，扁鹊不理事了，回去该干啥干啥吧。如果再不散会回去耕种，瞎挤一气儿，是会惹扁鹊生气的。"

经如此这么一拆讲，挤会的人们不得不服，不得不听了，只好无可奈何地各自散去了。会散了献殿才又长起来。

三位县太爷见困也解了，庙会也散了，才长长出了一口气，开始惊奇地互颂扁鹊神明，施善万民造福百姓。长此这样挤会不是个事儿，惊了神医不说，既误耕也伤风雅，得想个法子。他们商量来商量去，也没个什么好办法，只好定下把每年的十月初一也立成了庙会，又是农闲时节，以满足人们朝拜扁鹊的一片热心。

从此以后，一年俩会，三月初一的庙会仍很大，但没有拥挤的现象发生了，而且都赶早不赶晚，提前到了二月里，大概是怕再遇上县太爷撵会降献殿吧。十月初一的庙会相对不是很大，因为远处的不知道，只有周围三府十八县才知道这天立了庙会。

（讲述人：贾忠敏。搜集整理：李恒坤，1999年夏，神头村。）

小知识◎药石

药石位于九龙柏前山脚下,呈不规则石形,一侧平面上楷体阴刻"药石"二字,右旁书"万历癸未年龙峰题"。万历癸未年即万历十一年(1583)。龙峰即书写之人,此人待考。"药石"二字在书法艺术上,笔法浑厚,功底颇深;刀法刚健,力能扛鼎之势,堪称绝艺。

为何在其石上刻"药石"二字呢?说法不一,大致有三。一是含药、针之意,药指草药,石指药用石针。寓意神医扁鹊为人治病靠的是药和针。二是含重量之意。"石"字为重量单位,说古代扁鹊和弟子在山上采撷草药很多,到处都是,无法称其重量,寓意药多之意。三是扁鹊每天采药晾晒的专用石头。总之二字寓意深远,究竟内涵何意,至今是个谜,留给后人去研考和揭开。

药石

药石原镶于九龙柏前山脚下，1963年回生桥被山洪冲垮，药石也被洪水冲到河道内。2000年，修复回生桥后，移回原位。

◎石炕

石炕又称手术台，位于扁鹊庙正北约800米处，瓮山脚下，为一块天然巨石，方正平坦，宛如石炕。长3米，宽2米，厚1.2米。

当地村民都知道，扁鹊开创了外科手术之先河，还发明了麻醉药。当时动手术，就拿这个石炕当手术台。虢太子得了"绞肠痧"，非动手术不可，扁鹊就在这个台上把太子肚皮拉开，把肠子拿出来，洗干净，放回去缝上，太子好了，后来此类手术做一个成一个。如你不相信，看石面上中心部位至今还留有鲜红的血痕迹，千百年来永不褪色。已渗石间的血迹，还真形成了不规则"红白相间"的流血效果。

石炕

15 鹊山玉带

鹊山东坡半山腰，海拔高度在660～680米陡立的山崖间，环山水平裸露着一条长数千米厚达十几米的白色石英和长石的侵入岩层，远望鹊山如黛，白带蜿蜒盘绕山崖间，形成罕见的"鹊山玉带"之天然绝景。

这条玉带的来历和扁鹊的经历有关。民间有三个传说。一是说扁鹊带领虢太子和众弟子在山上采药，悬崖陡壁，十分危险，上苍降此

鹊山及鹊山玉带

玉带，保佑他们平安。二是说虢太子采药时不慎失足悬崖，身上的腰带挂在了山崖上，这条玉带就是太子的腰带。蓬山的百姓不忍说太子死了，只说他在蓬山修炼成仙了。要不他留下的腰带会这么长，这么宽？太子也非常人也。第三个传说是，扁鹊被杀后，蓬山百姓的哭声感动了上苍，于是玉皇大帝就让鹊山在扁鹊的墓前披麻戴孝，这玉带也就成了鹊山的孝带。人们把这一自然景观赋予动人的传说，表达了人们对医祖扁鹊的怀念与敬仰，这给鹊山增加了人气和神秘感。

鹊山半山腰有一块三十多平方米平坦横卧的巨石，凌空突出，似悬于绝壁。因巨石上有一东侧进、西侧出的洞孔，民间俗称"飞机石"。登临其上遥望，扁鹊圣迹历历在目，远处辉煌的庙宇，紫烟弥漫，隐现朦胧，不禁令人望而生情，思绪万千。相传扁鹊被害后，其弟子在山中采药、思念师父，常站在此石上遥望瞻圣，因而得名瞻圣台。

（讲述人：贾忠敏、宁合柱。搜集整理：张贵生，2000年春，扁鹊庙。）

瞻圣台

小知识◎登山路·担杖窑

  从扁鹊庙前九龙柏下向西沿旅游专用公路行3000米到达鹊山山下停车场，再沿台阶山路可攀鹊山顶峰。从鹊山山下停车场到达山顶莲华峰的登山路，正好9里，全路时缓坡时台阶，弯弯曲曲，围山而转，分段共设3999级台阶，像一条巨龙从山脚一直盘到山顶。相传这路历史久远，是虢太子常跟扁鹊上山采药修炼，下山行医看病的路，在当时就有了。

  担杖窑位于鹊山杏林南侧原有山路的山坡峡缝中，峡缝东侧高为坡崖，西侧低为坡边，在峡缝东侧的山坡崖石墙体上，长度8.6米内留有48处直径约10至20厘米不等、深浅不一的坑窑，俗称担杖窑。相传，扁鹊的弟子们上山采药，挑着药材下山，路过此地稍作休息，顺便将肩上的担杖架在峡缝之间，天长日久，留下此窑，故称"担杖窑"。

登山台阶路

担杖窑

16　莲华峰

内丘城西60里,有座大山叫蓬山。山顶上有座好像莲花形的最高峰,叫莲华峰。为啥叫莲华峰呢?有这么一个神奇的传说。

相传在很早很早以前,有一位名医,叫扁鹊。自从救活了晋国的赵简子后,他的名声越来越大,方圆几千里没有不知道的。后来赵简子为报答扁鹊的救命之恩,在蓬山一带赐封四万亩地给扁鹊。从此,扁鹊就在他的封地上居住下来,种庄稼,采草药,为人治病。

有一年夏天,扁鹊带着徒弟子阳、子豹一大早就上山采药去了。究竟走过几道岭,翻过几架山,也记不清了。天已正午,日头挺毒,火辣辣的,没有一丝风,师徒三人都觉得口干舌燥,就找水喝,可是这一带没一滴山泉,真是个鬼地方。口渴得实在顶不住了,两个徒弟一屁股坐在石头上,直喘粗气。扁鹊摘下草帽扇着风,也没法儿。

突然,一股轻风从西北刮来,凉爽了许多,还不到吸袋烟工夫,就在山路旁不远的低洼处,雾气腾腾地出现了一泓清澈见底的山泉,里面还长了一棵亭亭玉立的莲花,鲜艳夺目。他们看到这一奇景,又惊又喜,没顾上多想,就跑过去"咕咚咕咚"喝了起来,几口下肚,汗一下没了，顿觉凉快多了，精神头也足了，都不由自主地说："老天有眼，真是神水啊！"顷刻间一股白气腾起，水池里鲜艳的莲花不见了，出现在面前的竟是一位妙龄少女，俊眉俏眼，聪明伶俐，她上前施了个礼开口道："我叫莲花，是西王母的外甥女，以前您曾救过我母，使失明的母亲重见天日。现老母年迈，在菩萨岭看见你们师徒遇难，特派小女前来搭救，以报厚恩！"两徒弟都被眼前的情景闹懵了，你看看我，我看看你，简直不敢相信自己的眼睛。这时，扁鹊心里有数，稍一回想，噢，确实有过此事，扁鹊笑了。于是，他们几个人就攀谈起来……莲花不住地夸扁鹊是神医。扁鹊笑着说："没想到还会遇见你来解难。"莲花姑娘害羞地低下头："我是按老母吩咐做的。还有一事就是应老母之托，做您的干女儿，伺候您一辈子，来报答救母之恩！"扁鹊高高兴兴认下了这个干女儿。

从此，莲花姑娘就随扁鹊到处巡医、采药，伺候扁鹊，伴随在扁鹊左右。后来，扁鹊在秦国咸阳不幸被害，是她第一个把消息传给这一带的人们，人们都非常难过，千里迢迢跑到咸阳，将扁鹊的头偷偷抱回，葬于蓬山脚下。莲花姑娘在扁鹊墓前，失声痛哭，哭得天昏地暗，不知哭到啥时辰，把泪都哭干了，回天上已不可能了，但她不愿享人间香火，在墓前磕了三个响头，一句话也没说，然后化作一股清烟，飘然而去，飞向蓬山。不一会儿，在这座山上突起一座很高很高的山峰，远远望去像一朵含苞欲放的莲花，与扁鹊墓遥遥相对。

这时，人们才知道那姑娘是位仙女，便一齐跪下磕头。从那以后，莲华峰的故事就在这一带传开了。

（讲述人：宁合柱。搜集整理：贾成惠，1994年春，神头村。）

17　透灵碑与碑楼

扁鹊庙内石碑很多，有碑楼的却只有一个。要问这是为什么，你会听到这样一段传说。

相传，扁鹊庙非常灵验，前来求医问药的人络绎不绝，就连历代朝廷派大臣来求者也不少。有个皇帝病了，梦见扁鹊给他切脉服药，病好后，就命当朝宰相代他书写碑文，在庙里树起一座又高又大的石碑。不知怎么的，这碑后来可神了，只要是没做过坏事，心又虔诚的人站在碑前默默地祷告祷告，碑上就会出现自己的影子，能知道今后的祸福。若是吃了碑前的供品，有病的人祛病，求子的人得子，赶考的人金榜题名，做买卖的财运亨通，就是求姻缘的也能郎才配女貌，喜结百年之好。因此，人们都叫它"透灵碑"。名声一传开，好多人都愿意照一照，图个吉利，求个平安，前来拜碑的人可就多了。

嗑瓜子嗑出个臭虫，什么仁（人）都有，一个南蛮子知道这碑是个宝物，就千方百计要把它弄到手。他多次趁夜深人静前来盗宝，闹得庙中道士如临大敌，夜不敢睡。有个胆大的道士看大家很劳累，就在殿内祷告，求鹊王爷显灵惩治盗宝贼，保住透灵碑。

当天夜里，人们听见庙中乐曲之声响了大半夜，早起才发现一座新的碑楼拔地而起。透灵碑被罩在里面，只能从小窗里看见，却怎么也摸不到了。

据说，碑楼是清一色蓝砖雕成的，飞拱重檐，雕工精细，人间根本找不出能造这碑楼的能工巧匠，它是鹊王爷从天上搬来的。碑楼上那些拿着刀、枪的人物，就是专门保护石碑的神仙。

（讲述人：宁合柱。搜集整理：贾永禄，1992年春，扁鹊庙。）

18　太子岩与且停寺

内丘城西六十里,有座山叫太子岩。山上有太子凹、太子洞、太子井和太子庄,还有"太子玉带"。为啥这些地名都带有"太子"二字呢?这个太子又是个什么人呢?说起来话就长了。

还是在我国春秋战国时期,河北鄚州(现在的任丘)出了个大能人,叫秦越人。这人得到世外高人的传授,成了个医术极高的医生,治好了成千人的病,救了数百人的命。人们感激他,尊敬他,都称他"神医扁鹊",连他自己的真名都不叫了。后来,扁鹊治好了赵国大夫赵简子的重病,赵简子手中有权,就在中丘(即现在的内丘县)给了扁鹊一片地方。从那以后,扁鹊就在内丘住了下来,采药行医,给人治病。

有一天,扁鹊行医到了虢国,正好碰上虢国的太子得了急病,年已六十开外的国君就这么一个宝贝儿子,心疼得死去活来,下令谁能把太子救活,要什么给什么。

扁鹊听说了这件事,叫住了宫里一个管事的人,详细问了问太子的病状和暴死的经过,说:"我是扁鹊,请你去转告国王,我能把太子救活。"

国王一听神医扁鹊来了，又说能救活太子，真是又惊又喜，急忙出宫来，亲自把扁鹊迎进宫去。

扁鹊说："国王不要过分悲痛，太子根本没有死。太子这病，俗称假死，医称尸厥，病人形态就和死了一样，懂得其中道理的医生就可以救活他；不懂这个道理的人，就闹不清是怎么一回事了。"

说完，扁鹊走进里屋，仔细察看了太子的脸色，摸了摸脉，又扎了几针。不一会儿，太子便苏醒了。接着，又用艾灸了灸穴位，太子便坐了起来，呜呜地哭，他拉住扁鹊的手："您真是我的救命恩人，我一辈子也忘不了您呀！"扁鹊说："给人治病，是我们行医的本分，说不上什么报答。"

扁鹊谢绝了国王的重赏和挽留，就要走了。太子说："恩人，您救了我的命，我也跟您去学医，给人治病吧。"扁鹊笑了笑说："你是一国太子，以后要当国王，哪能去行医？不过以后有什么事，可以到中丘找我。"说完就走了。

时过不久，晋国出兵灭了虢国。太子走投无路，决定到中丘去找扁鹊。

太子一边打问一边走，这一天来到一个小山下，前不见村，后不挨店。他热得没法，渴得不行，饿得肚里光叫唤，实在走不动了，就下马休息，谁知竟迷迷糊糊地睡着了。

朦朦胧胧中太子听见马嘶叫起来，翻身坐起，只见马箭一样地向前跑去，跑到一个洼洼里，打着响鼻，使劲用蹄刨地。太子强打精神走过去，忽见一股清泉从马蹄下涌出。太子大喜过望，俯下身去喝了个够，白马也饮了个痛快。从此，这个泉水四季长流，冬天不冻，夏日不枯。从那以后，人们就把太子休息过的这座山叫"且停山"，把那个泉叫"马刨泉"。

太子凹

太子在中丘的龙腾山下九龙河边找到了扁鹊，述说了自己的遭遇，表示要拜扁鹊为师，学医看病。扁鹊很同情这个国破家亡的太子，就收下了他这个徒弟。从此，太子就跟扁鹊一块学习医术，上山采摘药材，在中丘一带行医看病。后来，扁鹊受秦国太医令李醯的嫉妒，被李醯骗到秦国害死了。太子带领其他徒弟冒着危险，把扁鹊的头从咸阳偷回，埋葬在龙腾山下，九龙河畔。

师父的死，更坚定了太子行医救民的信心。他率领扁鹊的其他徒弟，搬到龙腾山腰的一个洼地里住了下来，修房盖屋，挖井取水，凿洞熬药。这就是后来人们称作的太子凹、太子庄、太子井和太子洞。

扁鹊去世以后，太子继承了师父治病救民的美德，和弟子们活跃在中丘境内，龙腾山下，晋国内外没有人不感激他们的。

后来，为抢救一个危急中的病人，太子冒着危险，爬上龙腾山的悬崖绝壁，采集名贵药材"五灵脂"，不慎踩脱了一块石头，掉下万丈深渊，仅留下一条白色的腰带挂在树枝上。

人们不忍心说太子摔死了，就编了一个故事，说太子一心一意为人们治病，感动了神灵，就派南海观音菩萨下界度化了他，使他成了医仙，好像燕子一样，能自由地飞来飞去，为人们治病。那半山腰白色的岩石弯弯曲曲，绕山而转，不正像太子的玉带吗？

（讲述人：刘培山，54岁，神头村人。搜集整理：张兴祥，1982年3月于神头村。）

小知识◎且停寺

且停寺，又名梵云寺。位于内丘县南赛乡寺沟村南，占地面积大约15亩。相传春秋虢国太子途经暂息而得名。据《顺德府志》记载，且停寺始建不详，元朝至大年间修建。明宣德、万历年间，因颓废而又修；清雍正、乾隆年间，因陈旧而再修。据说，明宣德年修缮时，军师刘伯温之子刘琦，曾三次监工，尚留下"万岁牌"一面。明万历二十二年（1594）《重修且停山梵云寺记》记载："且停之者，虢太子采药停骖处。"清乾隆四十七年（1782）《重修且停山登云桥碑记》说："内邑西四十里许有且停山，有且停寺，即古梵云寺，相传虢太子修行经历之所也。"

且停寺

19　卧佛山

站在鹊山扁鹊庙前,往南看,那一座座相连的山峰,似一个个睡佛,特别是在夜晚的月光下观望,更是透出一种神秘。说起这睡佛,还跟神医扁鹊有关哩。

那时扁鹊已在蓬山行医多年,他摸索出了许多诊病的经验,比如通过看病人的脸色,观病人的五官,听病人的声音,闻病人发出的气味,问病人的病痛感觉和起居生活习惯,还要摸病人的脉搏,把各方面的症状综合起来,最后才判定是啥病。扁鹊这一套诊病的方法,就是中医学流传到现在的"望、闻、问、切"。

再说那时,这望、闻、问还好判断,就是切脉太麻烦,要在全身许多部位切脉,时间长不说,有时半天只看一两个人,给许多病人增加不少痛苦,还有许多大姑娘小媳妇,因在切脉时要脱衣服,也有许多不方便,扁鹊很想寻找出一种简便易行的诊脉方法。

有一天天刚擦黑,从南山上慌慌张张下来一个樵夫,边敲扁鹊的门边大喊:"扁鹊师傅,俺从南山上下来,看到几个人晕倒在山上,也不知是死是活,你快去救人吧。"

扁鹊二话不说，带上随身用的医包，叫上弟子们向南山上奔去。

他们几个人来到山上，天已经全黑下来，那夜又是个夜黑头，没有一点月光。扁鹊和弟子们守着那几个病人不知如何下手，天黑洞洞也无法观察脸色看五官，病人都晕迷着也无法问他们感觉，只有用耳朵听声音和全身诊脉来判断。谁知这几个人不知何故，耳听几乎无音，遍身的脉搏也很弱，几乎摸不到，后来在一人的四肢诊脉时，忽觉他手腕的寸口之脉跳得异常，扁鹊就静下心来，凭着多年的实践经验，细心判断起来。他判出病因，就用针灸扎穴位，几个病人很快醒过来。扁鹊同弟子们把几个病人带回住处，又配药调养了几天，他们谢了扁鹊就走了。

后来扁鹊看病就舍去了通身诊脉法，单用寸口诊脉，不但简单易行，消除了许多麻烦，还大大缩短了看病的时间。从此，诊脉成了中医诊病的重要手段。

据说，那几个晕睡在南山的病人，是西天佛祖派来点化扁鹊寸口诊脉的，所以那南山上就留下了佛祖的身形，化成一座山峰，似一卧睡之佛。

（讲述人：张老本，西营村人，已故。搜集整理：和莲芬，1983年冬，和庄乡政府。）

20 酸枣树王

在扁鹊庙南的睡佛山上,有一棵直径达六十厘米的酸枣树,当地人都称它为"酸枣王"。说起这棵酸枣王树,同扁鹊还有点牵连哩。

那时,扁鹊一天一天年岁大了,到深山采药越来越不方便,就在他的封地蓬山上开了一块百草园,专供配药治病用。

有一天,夜里狂风大作,暴雨猛倾,许多大树被拦腰折断,有的还被连根拔起。扁鹊对百草园放心不下,不等风停雨住就上山察看。走到半山路上看到一棵酸枣树被连根拔起,树头也被拧折,满树的小青枣像离开娘怀的孩子,可怜地撒了一地。扁鹊停下脚,扶起酸枣树,用土填实,又用棍子把树头扶起,并给它紧紧地缠上绳子,像给受伤的人扎伤口那样细心。

后来扁鹊到百草园采药,都要管理酸枣树,树成了扁鹊的"病人"。酸枣树在扁鹊的精心管理下,变得枝繁叶茂,年年用丰收的果实来回报扁鹊。

有一天,秦王派人来请扁鹊去救秦太子,在路过百草园时,扁鹊怎么也找不到往西走的路了,走来走去老在原地打转转,老百姓说那是遇上了鬼打墙。扁鹊向来不信邪，可每次走回来都能看到那棵酸枣树。他摸着树上的伤疤说："我到秦国去救人，你若指了路，到时给你讨个封号，封你为酸枣王。"说来也怪，话音刚落，向秦国去的路又露了出来。

扁鹊被害后，鹊山为其哭泣，万树为他默哀，那棵酸枣树更是一年比一年结果少，渐渐枯了。直到扁鹊被封为"神应侯"，那棵酸枣树才重生嫩芽，年年见长，终于变成了大树。

据说扁鹊去秦国，酸枣树已知扁鹊有难，才用鬼打墙阻拦，无奈扁鹊注定是"神应侯"，是"金口玉言"，它只得让路。

酸枣树王

扁鹊被封为"神应侯"后，酸枣王也就有了封号。只因扁鹊是神医，他封的树都带药性，从此酸枣仁也入了药。后来，酸枣王受日月精华，吸天地之灵气，有了灵性，想到人间投胎转世。要不你去鹊王庙看一看，在送生奶奶庙后的龙爪柏上至今还长着一棵酸枣树，正等着投胎转人世哩。

（讲述人：刘常，神头村人，已故。搜集整理：和莲芬。1989年春，神头庙会。）

21 入王宫大战巫医

有一年,虢太子得了大病,躺在王宫的龙床上,一连几天不吃不喝,跟死了一样。

这时候,国君急得火烧屁股似的,光在王宫里转圈圈。他一会儿转到这头,一会转到那头,一会儿又转到太子床前,猫腰看看太子,他不住地唉声叹气,太子的病好像千万把钢刀,剜他的心。

看着国君难受的样子,一些巫医就向国君讨好说:"大王,依我们看太子是中了邪了,我们要想个法儿为太子辟邪。"另一些大臣,根本不相信巫医的这些话。他们想:太子病了这么些天,你们这些人要是真有本事的话,早把太子的病治好了。何必等到这时呢?他们对国君说:"听说天下名医扁鹊,正在咱国行医,是不是把他找来,为太子治病?据说,以前有个国君得了病,一个大臣去请他,走到半路,国君的病就好了。现在,这个医生来到咱国,说不定是该太子的病好了。"

为给太子治病,一方要用巫医治病,一方要去请神医扁鹊,两厢争执不下,听谁的好呢?国君只有一个念头:不管是谁,也不管用啥法,只要治好太子的病就行。他让他们按着各自的主张去做。

几个巫医在王宫里点了八八六十四盏招魂灯，密密插在龙床转遭。招魂灯冒出的黑烟，把王宫熏得云天雾罩。几个巫师身穿黄色衣服，披头散发，蹦跶起来。一时，王宫里乌烟瘴气，呛得太子咳嗽起来，别说治好病，命也难保了。国君把眼珠子都急红了。

就在这个时候，一个人跑到王宫报信："大王，神医扁鹊来到！"

国君一听神医来了，马上高兴地说："快快让他进来！"

扁鹊和他的三个徒弟，由一个大臣领着走进王宫，一见国君，就恭恭敬敬地施了一个礼，谁知国君却不睬不理。原来，国君心中的神医，是一位身穿绫罗绸缎的先生，没想到，站在眼前的竟是个破布烂衫的老头儿。国君的心一下凉了半截儿，他不住地摇起了脑袋。

巫医一见国君眉头紧皱，心想一定是国君对扁鹊不感兴趣，就趁机用话头敲打扁鹊："听说古时候有个医生，他治病一不扎针，二不用药，就能去掉病入膏肓的老病，先生敢进王宫给太子看病，想必医术不浅啊！"

扁鹊一进王宫，见到龙床四周的招魂灯，早就火冒三丈了，这时听巫医一说，心中更是恼怒十分。他振作精神，冲巫医慢慢说道："给人治病，是医生应该做的事情；医生的好赖，要看能不能治好病。今天初次相见，你们就话中带刺，这怕是不太好吧！"

几个巫医一时哑口无言。有个大臣一看这僵持局面，就为扁鹊说："先生，还是先给太子看病要紧。"

扁鹊走到龙床跟前，问了问太子得病的经过，看了看太子脸上的颜色，又给太子摸了摸脉，随后高兴地说："国君放心，太子的病没事。"

一听太子的病没事，国君仿佛喜从天降，急忙高兴地对扁鹊说："先生，只要你治好小儿的病，管保你有吃有喝一辈子不受罪。"

听了国君的话，扁鹊不禁哈哈大笑道："国君说到哪里去了，当医生的人，只求给人治病。一不图钱，二不图官，不过今天，要想治好太子的病，有一桩事还得请国君帮忙！"

国君急忙问道："让我帮什么忙？"

扁鹊干脆地说："就是请国君快快派人，把招魂灯这类东西去掉！"

国君一听，立时就恼了。几个巫医都瞪着两眼瞅着扁鹊，王宫的气氛紧张极了。

就在这个时候，还是那个大臣走到扁鹊面前，好言劝说："巫医是国医，招魂灯是他们为太子除邪的宝物。你让国君派人去掉，不是往国医脸上抹黑吗？我劝先生还是……"

扁鹊没有理会，正言和国君说："太子的病，是惊吓的原因，不是中了鬼邪。如果不请医生好好治疗，光听巫医的话，太子就完啦！"

国君为了治好太子的病，只好叫人把招魂灯去掉，并让巫医退下，请扁鹊给太子治病。

扁鹊先给太子扎针，接着，又让太子吃药。过了一会儿，国君和王后见太子病情好转，心中一块石头才算落地。这时，一直为扁鹊捏着一把冷汗的那个大臣，也长出了一口气。他和扁鹊临出宫的时候，还胆战心惊地说："好险啊！我真为先生担心。你不知道，以前有多少人因说巫医的坏话，被满门抄斩啊！"扁鹊平静地笑着说："我和巫医天生就不是一家，死也不能向他们屈服呀！"

不说巫医以后怎样想法陷害扁鹊，却说扁鹊治好了太子的病，感动得国君脚手不安，又要给扁鹊金银财宝，又要留扁鹊在朝内做官。扁鹊啥也没有答应。他向国君说道："大王，我早先已经说了当医生的人，心里想的就是给人看病，一不图名，二不图利。治病，要治天下人的病，你虽说是个君王，我也不能只给你一人看病呀！"说毕，就领着徒弟离开王宫，到乡下给百姓治病去了。

（讲述人：杨有福，老中医，内丘五郭乡史村屯村人，已故。搜集整理：杨文志，已故。1964年至1965年，杨有福家。）

附录一

扁鹊历代诗词歌赋

秦越人洞中咏

唐·于鹄（著名诗人）

扁鹊得仙处，传是西南峰，
年年山下人，长见骑白龙。
洞门黑无底，日夜唯雷风，
清斋将入时，戴花兼抱松。
石径阴且寒，地响如远钟，
似行山林外，闻乘屐声重。
低碍更俯身，渐远昼夜同，
时时白蝙蝠，飞入茅衣中。
行久路转窄，静闻水淙淙，
但愿逢一人，自得朝天宫。

——明崇祯十五年（1642）《内丘县志》

九 龙 河

元·不忽木（平章政事）

相彼山泉源本清，太平君子濯尘缨。

泠泠似与游人说，说尽今来古往情。

——明崇祯十五年（1642）《内丘县志》

鹊 王 庙

元·不忽木（平章政事）

一勺神浆浩满襟，天开明哲岂难谌。

齐侯无幸灾残速，虢子有缘惠泽深。

磊磊山形千古仰，巍巍庙貌四方钦。

唯王授我剖肠术，换尽人间巧伪心。

——明成化二十三年（1487）《顺德府志》

鹊 王 庙

元·何德严（顺德路总官）

名自春秋显，王称赵宋推。

宫完神力应，未若我元时。

——明成化二十三年（1487）《顺德府志》

碑 诗

元·王鹗（翰林学士）

蓬山苍苍，襄水洋洋，彼有人焉非常，俨立祠于其旁。

厥出禁方，得之长桑，涤垢涮肠，病常愈于膏肓。

邦人不忘，祀事孔彰，被衮而裳，垂旒而王。
庙经兵荒，废为荆榛，瓦砾之场，崇赴有时，待我圣皇。
厥初颜君，宠命是将，志愿未毕，遽尔云亡。
继之有人，乃配阿张，二子皆贤，伯禄伯祥。
落成之日，归功庙堂，勒为丰碑，令闻载扬。
王其有灵，降福穰穰，风雨和时，年运用康。
跻斯民于仁寿之域，而衍圣祚于无疆。

鹊　山

元·刘郁（监察御史）

鹊山高与碧云齐，渡水沿冈路欲迷。
日暮马羸鞭不动，绿云深处乱蝉嘶。

——明崇祯十五年（1642）《内丘县志》

鹊山（其一）

明·孙锦（顺德府知府）

春深花始见，水落地仍沙，
鸡报荒村午，山行一径斜。
石梯樵子路，土穴野人家，
民瘼关心切，空惊两鬓华。

——明崇祯十五年（1642）《内丘县志》

鹊山（其二）

明·孙锦（顺德府知府）

十年不到万山巅，海岱平分淑气连。

樵径雨余云出没，僧居风定月婵娟。

神医庙古青松下，太子岩高碧落悬。

对坐已忘樵鹿梦，迟归应遇烂柯山。

——明崇祯十五年（1642）《内丘县志》

登太子岩未及顶

明·刘应节（顺德府知府）

平生意兴在山水，蹑险探奇未惮遥。

太子岩高几万丈，使我顿足山之腰。

眼见洞门倚天半，泃泃霹雷摧石扇。

上有鹫岭俯龙潭，隐隐烟雾绕房殿。

咫尺相望未可通，何如高翼驾长风。

回头万壑迷苍霭，侧身鸟道盘虚空。

愁绝怅然思倾倒，特地开尊籍芳草。

石林晴弄鸟声和，岩风春送花香早。

君不见，秦岭蜀山高蔽天，

使人一望摧心颜，人生登临贵得意，

何必穷海之底，山之巅。

——明崇祯十五年（1642）《内丘县志》

再登太子岩

明·刘应节（顺德府知府）

太子何年遇赤松，翠华此地驻飞龙。

山中风雨怜荒殿，天外芙蓉识旧峰。

瑶草不生丹灶古，洞云飞尽碧苔封。

欲放鹤驭求灵药，怅望仙踪何处逢。

——明崇祯十五年（1642）《内丘县志》

登 蓬 山

明·吴忱（太仆少卿）

蓬山山上立多时，太子岩前咏旧诗。

借问鹊王如有药，世间白发也能医。

——明崇祯十五年（1642）《内丘县志》

鹊山道中

明·冀禹臣（监生）

日丽芳郊春草萋，杏园深处好莺啼。

一声牧笛苍岩下，吹落残红傲马蹄。

——明崇祯十五年（1642）《内丘县志》

下太子岩

明·周格（顺德府推官）

嶙峋太子岩，潇洒郎官兴。

游罢下山来，云霞隔钟磬。

——明崇祯十五年（1642）《内丘县志》

登黑壁山兴化寺

明·冯善（顺德府知府）

峰头古寺自齐梁，薄暮登临景更芳。

曲径迂回唯草色，深林葱翠有松香。

僧离古洞风尘别,水落悬崖音韵长。

为爱山房偏坐久,云横树杪郁苍苍。

——清康熙七年(1668)《内丘县志》

谒鹊王庙

明·冯善(顺德府知府)

新晴西上鹊峰巅,绝壁森森北斗连。

台殿高低来画里,笙箫缥缈入云边。

风回药圃春光寂,雨过丹炉草色芊。

安得当时医国手,为疗民瘼锡长年。

——明崇祯十五年(1642)《内丘县志》

春日过鹊王庙

明·张延庭(顺德府知府)

三春刚得此盘桓,百里艰关道路难。

日色初临岚渐薄,风威犹劲晓生寒。

山灵定与游仙梦,医圣宁无驻世丹。

愿取刀圭昭慧力,一时民瘼为安全。

——明崇祯十五年(1642)《内丘县志》

咏九龙桥石柏

明·崔数仞(新城训井陉训蕃宗学教授)

柏生山石石生柏,根入石山山作根。

山石柏根同一体,石山不老柏常存。

——清康熙七年(1668)《内丘县志》

登太子岩

明·雷鸣时（内丘县知县）

飞步临巅天气新，群峰插汉石鳞鳞。

羊肠曲径浑如蜀，龙洞苍松恰似秦。

叹我焦劳十七社，羡君璺铄八千春。

归来不尽探奇兴，分付山灵守醉茵。

——明崇祯二年（1629）《川南獳介雷鸣时题》碑

次 前 韵

明·高迁（顺德府知府）

玄房遥指鹊山巅，霄汉平临秦华连。

石蹬入云春杳杳，严花着雨晚娟娟。

中丘形胜蓬莱近，三晋英华北斗悬。

欲采丹砂练灵液，高飞双鸟问神仙。

——明崇祯十五年（1642）《内丘县志》

太 子 洞

明·高迁（顺德府知府）

五云连石阁，万象俯平川。

羽翰青霄上，凌风驭列仙。

——明崇祯十五年（1642）《内丘县志》

瞻虢太子遗像

明·洪敷教

为问天台路，追陪五马兴。

扪萝霄汉近，烹茗洞烟生。

丹灶千年古，蜕遗一羽轻。

翛然怀远望，何处是蓬瀛。

——清康熙七年（1668）《内丘县志》

兴　化　寺

明·顾绶（顺德府知府）

黑壁何方寺，西峰隐暮云。

冈回一径人，岩峭半天分。

泉水缘豀落，钟声下界闻。

试询诸佛子，宁见夕阳曛。

——明崇祯十五年（1642）《内丘县志》

白　云　洞

明·韩原性（内丘县通判）

石洞色苍苍，杳杳深而敞。

坐来眼界宽，江山如指掌。

下有无名草，上有蛛丝网。

徘徊不敢啸，一啸万壑响。

美矣仙子居，使我长景仰。

安得凌风翼，住此恣游赏。

——明崇祯十五年（1642）《内丘县志》

游九仙洞

明·王彦民（内丘县副使）

乾坤何处觅丹方，古洞深沉背夕阳。

松入五云阴漠漠，苔封一径迹茫茫。

九仙信是蓬瀛侣，千载宁无姓字扬。

莫把桃源谩相拟，桃源已自属荒唐。

——明崇祯十五年（1642）《内丘县志》

黑壁山兴化寺

明·王彦民（内丘县副使）

群峰踏遍下危梁，徒倚丛林探众芳。

深洞雨余频涨碧，幽花春杪始生香。

晴看黑壁烟光冷，晓爱白银月色长。

便拟买山供啸傲，佛衣宁待鬓毛苍。

——明崇祯十五年（1642）《内丘县志》

鹊王祠前

明·穆炜（兵备副使）

鹊王圣灵古所稀，鹊王祠前山水奇。

有石嶙峋傍桥起，漫从摩诘相品题。

秋月泊涓照寒水，古柏森森生玉乳。

重来喜度药苗春，黄叶白雪应难比。

——明崇祯十五年（1642）《内丘县志》

谒鹊王庙

明·郝学诗（内丘知县）

鹊王庙在鹊山阳，日映岚光镇碧苍。

碑断尚留唐岁月，彝新原享汉蒸尝。

观形洞彻桓公骨，苏蹶涤清太子肠。

瘼庆斯民症结甚，不知何剂解平康。

——明崇祯十五年（1642）《内丘县志》

前　题

清·汪匡鼎（内丘县令）

迢迢深谷远鸣驺，非共莺花作泛游。

几处停骖惊土瘠，数回搔首切民忧。

敢祈医国当年手，准拟灵祠竟日留。

最是风前多胜事，奚囊未许一时收。

——清康熙七年（1668）《内丘县志》

登虢太子忧心山

清·叶恂卿（士大夫）

岩虢忧心路转东，江南一样杏花红。

望云满眼思亲泪，洒向群山香霭中。

——清康熙七年（1668）《内丘县志》

九龙桥石上古柏

清·徐祚增（内丘县令）

古柏何年植，根蟠石隙生。

虬枝何妖娇，似与九龙争。

——清康熙七年（1668）《内丘县志》

三月三西山鹊王庙会

清·施彦士（内丘县令）

凤闻上池水，今谒鹊王神。

榱桷千年寺，牲牢九县人。

是真风俗地，况值祓除辰。

胜会年年事，何妨听我民。

——清康熙七年（1668）《内丘县志》

游且停寺

清·乔中方

石径峻嶒衬碧苔，探奇兴尽带云回。

野衲骑驴寻酒去，牧童横笛送诗来。

——清康熙七年（1668）《内丘县志》

咏且停寺

清·韩梦愈

山围宝刹傍天涯，半带烟萝半带霞。

昼永红尘浑不到，溪声沥沥送年华。

——清康熙七年（1668）《内丘县志》

过且停桥

清·和羹

为苦吟晓夏日长,披襟障面度山梁。

几回扫石松阴卧,耳听潺缓笑水忙。

——清康熙七年(1668)《内丘县志》

前 题

清·冀振先

林木参天境自幽,梵王古殿正初秋。

鸟鸣警起三更月,坐听泉声不断流。

——清康熙七年(1668)《内丘县志》

题且停泉

清·冀振先

瀑布飞湍镇日倾,夜深耳畔更分明。

年光变易知多少,此处依然是此声。

——清康熙七年(1668)《内丘县志》

游且停寺

清·耿涓

跨蹇寻幽历远峰,遥间翠霭出疏钟。

桥通石径鲜苔护,殿倚山阿岚气封。

石井清泉流碧玉,云岩古木舞苍龙。

匆匆未尽登临兴,明岁还来觅旧踪。

——清康熙七年(1668)《内丘县志》

游且停寺

清·魏拙庵

扪径登临处,兰舆树杪行。

涧声喧宿鸟,松影落长鲸。

地僻人应远,山空月倍明。

烦心消欲尽,栖此学无生。

——清康熙七年(1668)《内丘县志》

前　题

清·韩宕

散步寻幽胜,且停遗旧宫。

寺围山下水,瓢挂树头风。

磬击晴川度,灯明远嶂通。

前星何处是,惆怅太行东。

——清康熙七年(1668)《内丘县志》

且停山雨夕登眺

清·崔鸣莺

披榛寻细路,青嶂向人开。

雨罢轻烟散,云归积翠来。

山鸠鸣远树,野叟啸高台。

不尽登临意,疏钟林外催。

——清康熙七年(1668)《内丘县志》

咏且停山石人

清·段国璘

何年学豹隐,独立向高岑。

平览诸峰秀,遥望众壑深。

朝霞明素佩,夕月散幽襟。

矗矗丹霄外,空山自古今。

——清康熙七年(1668)《内丘县志》

咏且停山自来泉

清·张乾元

巡岩披蔓草,幽涧一泓生。

云满苔常护,风来水自盈。

细流分野照,碧色引峰晴。

谁识蒙茸处,年年尔独清。

——清康熙七年(1668)《内丘县志》

且停山寺

清·徐祚增(内丘县令)

寺入千峰径,桥横百尺岩。

山光辉殿宇,云气润松杉。

水静游鱼出,花疏过鸟衔。

谁言仙境杳,此地隔尘凡。

——清康熙七年(1668)《内丘县志》

附录二

扁鹊祭祀大事记

1. 鹊山祠的祭祀活动，根据碑刻记载可以上溯至战国时期，有悠久的历史根源。战国时期，扁鹊行医至秦，被秦太医李醯暗害。蓬山百姓不远千里从咸阳盗回扁鹊头颅安葬在鹊山脚下，建庙立祠，世代守护。自此，其地焦子村和郎（狼）家庄合二为一，改名"神头村"。

2. 后周显德年间(954~959)，安国军节度使陈思让重修鹊山祠时，碑刻已有王称，未知封自何代。

3. 宋嘉祐初年(1056)，宋仁宗患疾，遣使至庙求医，病愈赐封扁鹊"神应侯"之号。由于扁鹊累受朝封，到祠祀典的规格较高。

4. 宋神宗熙宁二年（1069）《重修神应侯庙记》碑载，邢州知府李瑞懿曾多次到内丘扁鹊庙祭祀，特别是遇到大旱这样的灾情时，要去求雨，而且每每见效。因此他下决心要回报神灵，扩修扁鹊庙。他了解到，神应王庙的香火收入颇丰，但均交予官府，变为公款。他马上下令，让县令把这笔款返回庙宇，作为修复资金。此举马上见效，扁鹊庙的规模更大了，殿堂新了，面貌变得庄严整齐、雄伟壮观，香火也就更加旺盛了。

5. 金明昌元年（1190），邢州内丘县令尹赵实念神应王有功国民，绵绵不绝，重修鹊山神应王庙。

6. 元中统元年(1260)，世祖忽必烈降旨祭祀扁鹊。宣差太医提点许国桢为主祭，真定（今正定）府录事司达鲁花赤不伯，获鹿县达鲁花赤不剌儿陪同，从官有邢州刘同知，陪拜者有内丘人颜天翼之长子颜伯禄，其他从官还有邢台驿院刘提领、中丘郭主簿等。

7. 元中统三年(1262)，皇阙门逸士訾洞春特奉皇帝圣旨降祭东海渊圣广德王庙，敬谒致祭鹊山神应王之祠。

8. 元中统五年（1264），世祖忽必烈再次下旨祭祀扁鹊。

9. 元至元五年（1268），《国朝重修鹊山神应王庙碑》记载太医院提点颜天翼父子先后二十年重修扁鹊庙。

10. 元至元九年（1272）二月初一，翰林待制刘德渊谒鹊王庙，嘉议大夫上都留守兼开平府总管府颜伯祥为其立碑。

11. 元至元十七年(1281)，永宁王令旨，八班妃子懿旨，特差太医王口善降香致祭鹊山神应王之祠，以申报谢。

12. 元至元二十年（1283），中书平章政事不忽木任燕南河北道提刑按察使，因病恳祷于扁鹊庙。

13. 元至元二十三年(1287)，皇太子……致祭……鹊山神应王之祠。

14. 元延祐二年（1315）十一月十五日，顺德路总管何德严拜谒扁鹊庙。

15. 元延祐七年（1320）十一月十五日，顺德路总管何德严再次拜谒扁鹊庙。

16. 明成化二十三年(1487)《重修鹊山庙记》载："迄今季春之月，有司岁以典礼从事，远近士女执香币奉牲醴，以致诚悃者争先而趋。"

17. 明嘉靖十七年（1538）九月，新上任的顺德府知府张元孝拜谒扁鹊庙。

18. 明嘉靖三十九年（1560）、四十年（1561）两年间，顺德知府刘应节两次到扁鹊庙拜谒，并游历鹊山。

19. 明隆庆三年（1570）三月初十日，顺德府同知署府事李汝节致祭扁鹊庙。次年九月，内丘知县石汊、教谕丘思聪、训导贾梦龙将祭文立碑于庙前。

20. 明隆庆四年（1570）三月十四日，顺德知府冯善，同知李汝节，通判张著、归有光，推官郭有金等致祭扁鹊庙，内丘知县石汊、教谕丘思聪、训导贾梦龙、典史杜淇陪祭，并立碑以记之。

21. 明万历二年（1574）三月，顺德知府顾绶、同知周济用、通判赵完等致祭扁鹊庙。顾绶撰写祭文碑，内丘知县苏惟肖陪祭，并立碑。

22. 明万历四年（1576）三月，顺德府推官周恪拜谒扁鹊庙，游历鹊山，并题诗，内丘知县刘体元为之刻石。

23. 明万历六年（1578）《重修鹊王庙记》："是故由周而来，历二千载矣，人之骏奔、而俎豆者……"

24. 明万历十一年（1583），龙峰拜谒扁鹊庙并在九龙柏下刻"药石"。

25. 明万历十三年（1585），《重修鹊山神应王庙记》（顺德府王可久撰）载："后人德其功肖像祀之，溯战国至今，累封王爵，盖由来远矣，岁时春和，四方士女执香币金钱走谒者，肩踵相接，归市不啻……"

26. 明万历十三年（1585），《重修鹊山神应王庙记》（内丘县和腾霖撰）载："奉祭于王，览山川之胜，感灵应之音……"

27. 明万历二十六年（1598），唐山县进供建醮碣。

28. 明天启元年（1621），《重修鹊山神庙功德碑记》载："同心而从者甚众，因诘其故，数年来修设斋醮香币牲圣……"

29. 清康熙七年（1668），《内丘县志》记载："……三月初旬，来祀者方千里，历代诗文不可胜记。"

30. 清康熙五十八年(1719)十月，内丘知县徐元良等主持重修扁鹊庙，《重修鹊山后土诸殿碑记》亦载："至今二千余年，历代褒封，太府岁祭王之……"

31. 1937年日本侵略军占领内丘，在红门、神头村建起炮楼阻碍交通，拜谒活动无法进行，一度停滞。

32. 1945年内丘解放，扁鹊拜谒开始恢复。

33. 20世纪60年代末至70年代，因"文化大革命"，扁鹊庙会祭祀活动一度中断。

34. 1982年扁鹊庙成为河北省重点文物保护单位，庙会祭祀活动逐渐恢复。

35. 1994年6月，在扁鹊庙区西侧百子殿正西32.5米的山坡下，传说是葬扁鹊头颅的凿坑前空地上修建扁鹊纪念墓。八边形砖砌墓座，馒头形墓顶，砖砌墓室，墓地周围设水泥栏杆。

36. 2005年10月，首届中国内丘扁鹊文化节开幕式上，内丘县委县政府在扁鹊庙举行公祭扁鹊大典仪式。

37. 2015年9月，第三届冀港澳台中华传统医药文化发展大会祭拜医祖扁鹊典礼在内丘县扁鹊庙举行。

后记

《医祖影踪——内丘扁鹊文化传说》一书，努力以通俗的语言形式，介绍扁鹊其人，以及内丘扁鹊庙群、扁鹊祭祀仪式等，让更多的朋友进一步了解扁鹊文化，了解内丘。

本书的编写，得到了邢台市政协原副主席翁振军的指导，郝明珂、刘成林、崔增印、姚丽君、范彦军、张贵生等为此书拍摄精美照片，刘双柱提供了文字资料，感谢他们的热心指导和无私帮助。

在编写此书过程中，选用、参考了孙建华主编的《内丘县文物志》，郑一民著的《神医扁鹊的故事》，韩秋长、和莲芬、韩朝霞编著的《扁鹊的传说》，和莲芬、张贵生编著的《全国最大的扁鹊祭祀地——内丘鹊山》《中国传统村落立档调查——内丘神头村》等著作。内丘县人大常委会主任付连国、副主任胡静霞，邢台广电台副台长、神头村挂职第一书记贾丽红，内丘县文广新体局局长李五魁，内丘县南赛乡党委书记李国亮、乡长刘飞，内丘县文联主席秦风英，给予指导和大力支持，特别是内丘县卫生局局长王军邀请研究扁鹊文化的专家学者同我们交流，并提供部分图片，在此一并表示感谢。

因时间仓促，编者水平有限，必会出现错误，敬请专家学者及广大读者批评指正。

编 者
2016年9月

图书在版编目（CIP）数据

医祖影踪：内丘扁鹊文化传说 / 和莲芬, 张贵生编著. — 郑州：中州古籍出版社, 2016.11
（华夏文库民俗书系）
ISBN 978-7-5348-6638-8

Ⅰ. ①医… Ⅱ. ①和… ②张… Ⅲ. ①扁鹊（前401-前310）- 人物研究 ②中医学 - 介绍 Ⅳ. ①K928.75②R2

中国版本图书馆CIP数据核字（2016）第281550号

华夏文库·民俗书系
医祖影踪：内丘扁鹊文化传说

总 策 划	耿相新　郭孟良
项目协调	单占生
项目执行	萧　红
责任编辑	石　丹
封面设计	新海岸设计中心
版式设计	曾晶晶
美术编辑	王　歌

出　版	中州古籍出版社
	地址：河南省郑州市经五路66号
	邮编：450002
	电话：0371-65788693
经　销	新华书店
印　刷	河南新华印刷集团有限公司
版　次	2016年11月第1版
印　次	2016年11月第1次印刷
开　本	960毫米×640毫米　1/16
印　张	12.75印张
字　数	153千字
印　数	1-2000册
定　价	32.00元

本书如有印装质量问题，由承印厂负责调换